"文化·技术·市场"丛书

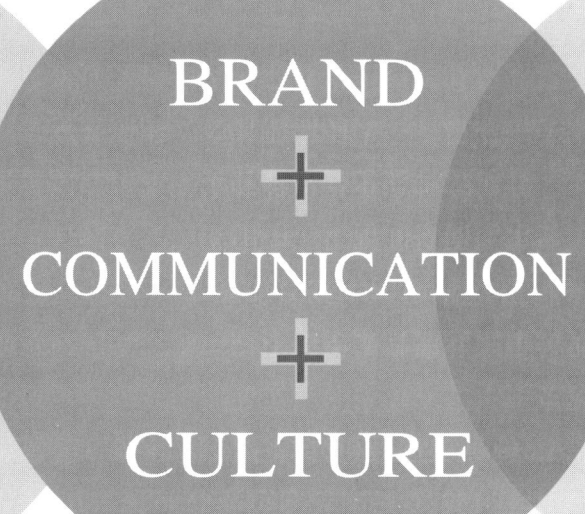

品牌·传播·文化
广告产业与书业变局中的中国思考

李亦宁 著

中国社会科学出版社

图书在版编目(CIP)数据

品牌·传播·文化:广告产业与书业变局中的中国思考/李亦宁著.
—北京:中国社会科学出版社,2018.11
ISBN 978-7-5203-3250-7

Ⅰ.①品… Ⅱ.①李… Ⅲ.①文化产业—改革—研究—中国
Ⅳ.①G124

中国版本图书馆 CIP 数据核字(2018)第 233069 号

出 版 人	赵剑英
责任编辑	王莎莎
责任校对	张爱华
责任印制	郝美娜

出　　版	中国社会科学出版社
社　　址	北京鼓楼西大街甲 158 号
邮　　编	100720
网　　址	http://www.csspw.cn
发 行 部	010-84083685
门 市 部	010-84029450
经　　销	新华书店及其他书店
印刷装订	环球东方(北京)印务有限公司
版　　次	2018 年 11 月第 1 版
印　　次	2018 年 11 月第 1 次印刷
开　　本	710×1000　1/16
印　　张	14.5
插　　页	2
字　　数	201 千字
定　　价	58.00 元

凡购买中国社会科学出版社图书,如有质量问题请与本社营销中心联系调换
电话:010-84083683
版权所有　侵权必究

"文化·技术·市场"丛书编委会

主　　编：于孟晨
副 主 编：李红岩　敬晓庆　雷晓青

总　序

当今科技以网络为代表的新媒体的崛起，重组了传媒的生态空间，技术知识与经济效益的互动日益增加，媒介形式日趋多样，内容影响日趋丰富、复杂。在此态势下，需要从"文化自信"的高度来审视新时代高等教育应秉承的责任。

1941年，梅贻琦在《大学一解》中指出"大学者，非谓有大楼之谓也，有大师之谓也"；而大学所培养的学生需满足"对于人文科学、社会科学、自然科学"应有"相当准备"的共同要求。1943年由梅贻琦草拟提纲、潘光旦执笔完成的《工业化的前途与人才问题》，对相关思想也进行了类似的表述："使教育于适当的技术化外，应取得充分的社会化和人文化。"以梅氏看来，技术化对大学固不可少，但只占有"适当的"位置；社会化和人文化更加重要，在大学应有"充分的"发展。有了社会、人文与技术三者相互渗透的大学，才能为工业化的中国培养出优秀人才。这无疑为已著西安工业大学新闻传播学科"文化·技术·市场"丛书之先鞭。

显见，大学应当是时代精神的"折光镜"，是人文精神和科学精神的统一体。科技、经济与人文社会学科的联系与渗透，人文精神与科学精神的相结合，是当代大学应当承担的任务，并要在理论上和实践上做出的现实贡献。这也正是此套丛书编撰出版之初衷。

用"文化·技术·市场"三个关键词，既能映照当今社会的热点部位，又能自然带入大学在新媒体时代的工作重心。与之适应，本丛书体现了三个特点：

其一，情与理的统一。

《中庸》曰："喜怒哀乐之未发谓之中；发而皆中节，谓之和。"而"中和"被认为是高尚的精神境界。其基点即认为人皆有情，感情的发抒必须与道德规范相吻合。这是我国古代教育理论关于情与理的简洁说明。本丛书中《文化传播的媒介景观》《旗袍：身体与权力的播撒》的作品，前者以媒介变迁为经，文化传播为纬，探讨新媒体传播环境下媒介形式变化的特征与后果，以及媒介文化的批判与反思；后者以近代《月份牌》《良友》杂志中出现的旗袍为对象，梳理了其变迁的脉络，并深入探讨旗袍与身体、权力之间的关系。另一作品《镜像·光影·产业：新世纪以来陕西电影产业发展态势研究》旨在研究西部电影的范式创新，确立全新的电影伦理，为陕西电影产业的创新性发展提供智力支持。以上著作力争做到客观与主观的统一，科学与艺术的统一。

其二，具象与抽象的统一。

我们日常惯于"具象"的思维方式，不过不能忘记科学的"抽象"。抽象从具体出发又高于客体对象，带有普遍性。《文化·技术·市场——"互联网"视阈下的文化品牌塑造与传播》从文化建设的实体案例入手，集中探讨了新时期相关行业产业的发展问题；《品牌·传播·文化》则从畅销书角度切入，思考阐发产业变局中的传播现象。《定位·错位·移位》以1912—1949年西安易俗社在戏曲改良进程中的文化传播为研究对象，通过主体、受众、渠道、内容、效果等方面的社会传播分析，探讨易俗社在改良传播中的得失。

其三，科学精神与人文精神的统一。

从人类科学史来看，其大体可以描述为：人文精神和科学精神不断分离与不断融合的过程，而每一次的新融合，就出现了科学上和人文上的双重繁荣景象。人们得出结论：只有科学技术是不够的，还必须要以体现正确价值取向的人文精神为依托。到20世纪末,科学技术渐渐出现了脱离人文精神的趋势,即在最新的信息网络世界也出现了许多令人担忧的现象。这就再一次告诫人们:科技必须要有人文精神的浸润,由此提出了科技伦理的再建问题。科技伦理是以本国和人类优秀文化作为所籍的,科学家需有了这方面的修养,在他们身上才能体现出可亲可爱的人文浪漫和严谨求实的科学精神。

凡举各位著作者,执事孜孜以求,非穷其思、尽其力而不能停也,有感于大家在做一件弘扬优秀文化、守正学术业绩的好事,仅以寥寥数语,表示赞同!希望《文化·技术·市场》这类的图书出现得越多越好!

于孟晨

于未央湖畔

2017年7月仲夏

目 录

广告产业篇　数字化浪潮下的产业重构与策略思考

第一章　嬗变与重构：大数据时代的广告产业变革 / 3
　第一节　大数据时代的广告传播新形态和新契机 / 3
　第二节　大数据时代广告产业困境与趋势展望 / 12

第二章　涅槃与重生：陕西广告产业镜像观察 / 19
　第一节　陕西广告产业的复苏与快速发展 / 19
　第二节　陕西广告产业的整体转型 / 25
　第三节　陕西广告产业迈向新纪元 / 30
　第四节　陕西广告产业面临的问题 / 43

第三章　机遇与挑战：陕西本土广告公司竞争力分析 / 51
　第一节　陕西本土广告公司经营现状调查 / 51
　第二节　陕西代表性本土广告公司分析 / 58
　第三节　陕西本土广告公司竞争力 SWOT 分析 / 64
　第四节　陕西本土广告公司竞争力提升的战略措施 / 71

公益广告篇　诠释中国精神，凝聚中国力量

第一章　中国当代公益广告的话语变迁与权力博弈
　　第一节　中国公益广告话语变迁 / 79
　　第二节　中国当代公益广告话语变迁中的权力分析 / 90

第二章　"中国梦"公益广告研究 / 97
　　第一节　"中国梦"公益广告文本分析 / 97
　　第二节　"中国梦"公益广告的话语指向 / 108
　　第三节　"中国梦"公益广告传播优化策略 / 118

畅销书篇　大众文化背景下的中国书业观察

第一章　中国当代畅销书的兴起 / 127
　　第一节　畅销书概念界定 / 127
　　第二节　中国当代畅销书的传播环境及传播特征 / 130
　　第三节　中国当代畅销书传播掠影 / 137

第二章　畅销书传播主体研究 / 144
　　第一节　畅销书个体传播者 / 144
　　第二节　畅销书职业传播者 / 154

第三章　畅销书受众研究 / 159
　　第一节　畅销书受众调研数据分析 / 159
　　第二节　畅销书受众阅读心理分析 / 167

第四章　畅销书媒介推广研究 / 172
　　第一节　畅销书传播媒介分析 / 172
　　第二节　基于事件媒体的畅销书多媒体联动 / 180

第五章 畅销书传播的文化反思 / 192
    第一节 畅销书传播对图书文化性的侵蚀 / 192
    第二节 畅销书传播对出版业的负面影响 / 196

附录 陕西广告产业大事记 / 199
参考文献 / 209
后记 / 219

广告产业篇

数字化浪潮下的产业重构与策略思考

广告业的发展有三个重大背景：一是经济全球化与传播全球化；二是整合营销传播；三是信息技术。如果说经济全球化与传播全球化导致广告公司全球化业务运作的改变，那么整合营销传播和物联网、云计算、LBS等日益革新的信息技术则推动着现代广告产业从传播内容到传播模式的重构与转型。本篇结合时代背景、技术趋势考察大数据对整个广告产业的影响，同时又立足于西部地区，以陕西广告产业为个案对其历史和未来发展走向进行深入分析，以期以点带面反映出整个广告产业变革的趋势。

第一章　嬗变与重构：大数据时代的广告产业变革

随着以计算和通信为代表的数字化浪潮的到来，互联网、云计算、物联网……这些日益革新的信息技术，无不与数据紧密结合，推动世界进入一个全面深刻映射现实的大数据时代。大数据已在多个领域彰显其巨大的价值。2011年全球知名咨询公司麦肯锡在题为 *Big Data: The Next Frontier for Innovation, Competition and Productivity*（《大数据：创新竞争和生产力的下一个前沿》）的研究报告中指出，大数据已经渗透到每一个行业和业务职能领域，逐渐成为重要的生产因素。[①] 伴随着大数据时代脉搏的跃动，无论从信息传播层面还是宏观产业层面，发生在广告产业生态系统的变革将是不可扭转的趋势，广告产业正在由创意策略为主导向数据驱动转型。如何从价值层面理解、迎接大数据时代的到来，成为目前广告产业研究的重要议题。

第一节　大数据时代的广告传播新形态和新契机

对于广告大数据的理解，应基于学术界普遍认可的"3V"特性，

[①] James Manyika, Michael Chu, Big Data: The Next Frontier for Innovation, Competition and Productivity, *McKinsey Quarterly*, No. 5, 2011.

即规模性（volume）、多样性（variety）和高速性（velocity）。新媒体背景下，广告数据呈几何态势增长，既包括广告投放数据、社交数据、购物数据等多元数据，也包括图片、文字符号、影音等不同类型数据，以及来自手机、电视、计算机不同媒体的信息。这样这个基数就变成了一个天文数字：美国 IDC 调研公司数据显示，仅 2012 年就创造出 2.8 zeta bytes（数据量级单位，1 zeta bytes 相当于 1000000000 百万兆字节）的数据，比 2011 年几乎增加了 50%，预计这个数字将在 2020 年增长到 40 zeta bytes 字节。[1] 但是对于广告产业大数据的认知又不能仅从数据本身进行衡量。英国人类学家托马斯·克伦普在《数字人类学》一书中这样写道："数字的本质是人，数据挖掘就是在分析人类族群自身。"广告产业大数据的意义在于对数据进行专业化处理，它既是对既往 IT 技术发展至今的高度概括，又是将"人"作为传播核心价值，并运用技术来充分挖掘和实现这种价值的体现。

一 嬗变：大数据背景下广告传播新形态

与传统广告传播注重"创意""策划"相比，大数据背景下的广告传播是以海量数据挖掘为前提，以"技术"为基础，面对特定受众的个性化广告传播。目前在国内渐成体系，被广告主采用的大数据广告形态有以下几种：

（一）实时竞价广告

实时竞价广告简称 RTB，是一种利用第三方技术在众多网站上评估每个用户的展示行为并出价的竞价技术。实时竞价广告自动完成广告购买投放的过程可概括为：网络需求方平台、代理商平台收到各广告主对目标受众投放广告的要求，然后根据网络各种浏览记录（Cookies 数据），筛选出与投放要求一致的潜在受众，广告代理商再根据网

---

[1] Sands, Darin M., Kristen Tranetzki: Big Data Doesn't Mean Big Litigation, *Oregon Business Magazine*, Jun., 2013.

民的背景数据、广告位信息计算展示价值并反馈价格，出价最高的广告主即获得在该广告位为该受众投放广告的机会。由此可见，精准化是实时竞价广告的最大优点。人群定向技术、特定算法帮助需求方平台在大数据库中绘制出受众个性化的兴趣图谱，在同一个广告位为不同受众投放不同广告，达到用户需求与广告信息的精准化匹配。

（二）搜索引擎广告

大数据时代消费环境、媒介接触环境均面临着新变化，含有网络特质的 AISAS 营销法则替代了传统的 AIDMA 法则，消费者关注商品、产生兴趣后不再被动地接受广告主的信息轰炸，信息搜索（Search）成为消费行为的重要组成部分。因此，广告商可依据产品和服务的内容、特点设置关键词，一旦受众搜索该关键词，相应的广告就会显示，其展示排序方式常采用上文提及的竞价排名技术，自由竞价、按点击付费。

（三）重定向广告

基于网页广告定向技术的重定向广告，只锁定那些浏览产品、产生购买欲望的消费者，分析消费者的浏览记录、对某个网站或产品的访问频率，甚至消费者的旅行日期，从而生成针对某个消费者独特的精准产品广告，帮助品牌与已经离开网站的消费者重新建立关系。例如，受众在淘宝网上搜索"手表"一词，浏览了几个店铺后未购买，之后再登录其他网站，动态广告中就会出现他早前曾浏览的手表款式。这种"行为重定向"广告是业界应用最广泛的一种重定向广告形式，在此基础上进一步发展出"社交重定向"广告：广告主锁定对产品感兴趣的受众，按照其使用的应用程序或者电子邮件绘制社会关系图谱，针对该人的朋友、家人、熟人投放广告。对电商零售等返客率较高的广告主来说，重定向广告具有明显优势。

二 重构：大数据时代广告产业发展新契机

大数据背景下"体验""互动"取代"媒体""渠道"，数字化广告主导市场。在传播重构的过程中,有三大特征值得关注:第一是传播的去中心化,传统传媒丧失强势媒体中心地位,单一传播方式难以满足广告主多元化的传播需求;第二是碎片化的人群与碎片化的媒介接触点,受众在线下离散又在线上重聚,接受信息的渠道愈加丰富,跨屏传播成为主流;第三是技术在传播过程中发挥重要力量,广告产业与其他产业交叉融合,逐步显现大产业格局。在此背景下,大数据技术的广泛应用推进了广告传播机制、广告产业生态的变革,并迎来了产业发展新的契机。

(一)广告传播机制转变

1. 通过数据挖掘实现"碎片化"受众深度洞察

新媒体时代的一个显著特征就是"碎片化"。社会学研究表明,当社会阶层分化的时候,各个分化的阶层内部也在不断分化成社会地位和利益要求各不相同的群体。黄升民、杨雪睿指出:在阶层"碎片化"的基础上,消费、品牌、媒介、生活方式也正朝着"碎片化"方向发生相应变化,即社会阶层的多元化,消费者细分、媒介小众化。即使是年龄、教育、收入基本相同的消费阶层内部也可能由于态度观念的不同而"破碎"为不同的消费群体,产生不同的消费行为[1],呈现出逐步分化离散的状态。随着新兴媒介的勃兴,传播通路的激增、海量信息的堆积,信息环境进一步加剧了受众碎片化、部落化、群族化的特征,受众被细分为各种小众部落[2]:月光族、背包族、追星族、御宅族、SOHO族、都市轻熟男、千金美少女……这些碎片化的群体对媒体内容、表现形式、传播载体、互动分享等都有着各自不同的偏好,仅仅用年龄、教育、收入等基本情况已不能完全描述。

大数据覆盖目标市场中的绝大部分个体,广告公司可从内容接触痕迹、消费行为数据、受众网络关系等庞杂、琐碎的非结构性数据中

---

[1] 黄升民、杨雪睿:《碎片化背景下消费行为的新变化与发展趋势》,《广告研究》(理论版)2006年第2期。

[2] 喻国明:《"碎片化"语境下媒介营销价值的构建》,《广告大观》2007年第2期。

提炼出消费习惯、态度观念、生活方式等深度数据,为受众从物理属性的分散到内在的聚合提供了可能。例如,品友网络公司的数据库中人群属性细分标签已多达3155个,传漾公司将其搜集的9亿个网络Cookie划分为33个兴趣大类,168个兴趣中类,857个兴趣小类,数据代理商安客诚公司则拥有500多万名世界各地的消费者信息,建立了70种不同的"PersonicX"集群,并将每一位消费者的汽车品牌和使用时间、收入、投资状况、年龄、受教育程度、邮政编码等信息归类纳入其中一个集群,据此推测消费者的生活方式、兴趣爱好和日常活动,现已能预测3000种不同的行为及心理倾向,例如一个消费者会在某两个品牌间如何做出选择。

此外,基于大数据的文本语义分析可以帮助广告主从电子邮件、在线论坛、网络回复等各种客户数据中挖掘到有价值的信息。三星曾在电视广告中讽刺了苹果iPhone5使用老款耳机、充电器必须使用适配器的现象,这一创意就来源于数十万条揶揄iPhone5的网络评论,连广告对白也是由网上的评论改编而来,由此引发不少用户共鸣。可口可乐2013年发起的昵称瓶活动,则从网络社交平台上过亿热词大数据中选定"小清新""考霸""喵星人"等300个最耳熟能详且符合品牌形象的关键词印在瓶身上,产生了良好的营销效果。

2. 通过精准数据实现传播模式的个众化

所谓个众,即个体受众。从传播角度而言,个众是一个个能独立向外扩散信息的媒介;从营销学角度而言,个众是精准的目标受众,代表了当今消费者越来越个性化的需求。过去一百多年,传播历史经历了"大众—分众—个众"的演进,大众媒介生态的消解和传播媒介的非群体化带来了广告传播模式的彻底改变。正如美国学者托夫勒在《第三次浪潮》中所指出的,标准化是第二次浪潮的首要法则。大众媒体时代的广告传播纯粹追求人群数量,以扩大覆盖面来提高传播效果,形成了广而告之的"漏斗式"传播模式。无论是根据大众媒体内容与广告信息的关联程度锁定目标人群,还是通过各种分众传媒覆盖细分消费者,虽然传播精准度不断提升,但其实质仍是媒体本位,未能实现对目标人群的精准锁定。基于大数据挖掘的广告传播是完全针对个体的精准传播,奔驰公司在 S 级轿车上市之前,便利用"百度司南"分析目标消费者的特征建立数据库并找到了要找的人(行为定向广告)。2008 年密歇根州的一位婚礼摄像师通过把广告精准投放到 Facebook 上自称"已订婚"的当地人,使业务获得了巨大的扩展(语义定向广告)。RTB(实时竞价广告)从购买媒体资源到购买有价值的消费者,在这一广告作业模式下,受众登录网站后,数据追踪技术可在数以百万计的网站上快速获取受众背景资料、网站信息、广告位信息,针对每一个受众的广告展示行为进行评估及竞价,平台选取出价最高的广告主,在千分之一秒完成广告投放。这种传播模式大大降低了广告的入侵性,能够有效地提升传播效果和品牌美誉度,帮助广告主创造出符合受众需求的广告形式,让广告内容"去广告化",走向"信息化"。

3. 大数据创意素材实现广告创意与目标受众的自动契合

大数据技术渗透到广告核心的创意环节,借助一些强大的创意自动化技术,广告主可根据受众兴趣、时间地点、人口属性等各种创意变体,达成千万数量级的创意素材的自动生成和投放。如针对温暖或寒冷气候,采用主题图片以匹配用户自身所在的环境,或直接推送适合这一季节的产品广告。美国科技博客网站 Business Insider 撰文指出,Facebook 正在打造一个能取代传统广告代理公司的高精准度广告系统。诸如 TBG Digital、Trigg It 等媒体购买公司只需将数万张产品照片上传至数据库,系统便会根据该用户的兴趣特点,自动生成相关广告。产品、公司 Logo……所有元素都成为自动广告的一部分。有分析认为,广告创意再也不是在纽约麦迪逊大道办公室里,戴着时髦眼镜的广告人绞尽脑汁潜心思考的创造性思维活动。"自动生成广告"的做法不仅让以创意谋生的广告人感到担忧,也会给媒体现有的素材审核机制形成新的冲击。

4. 全样本大数据促进广告传播过程的动态优化

大数据近乎实时的全样本数据，为广告传播过程的优化提供了极大的便利。首先，在效果评估环节，大数据改变了传统媒体时代只能以电视收视率抽样调查、报刊发行量为评估指标的单一方式，实现广告数据全流量采集，且可以更有效地直接评估广告，使广告主全面、真实地了解受众对广告的理解和喜爱程度。例如，联合利华为"多芬"品牌防衰老产品所做的大数据广告调查清晰地显示，大部分消费者喜欢老年裸体模特所表现出的真实性，但是有超过50个妇女不喜欢美女图片中所体现的"完美"概念，每10个妇女中就有两个表达了对广告者所刻画的妇女形象的真实愤怒。[①] 如此精确、精细地达成对某一个广告的评估在大数据时代之前是难以想象的；其次，在投放环节，大数据改变了广告后测评估模式，可以实时对广告排期进行调整。传统媒体时代，广告一旦开始投放，就没有任何优化的空间了，不仅受众人群、广告创意不能调整，就连广告素材也不能随意更换。而实时竞价广告模式下，广告投放的开始就是优化的开始，随时可以根据延迟3分钟的数据，调整广告投放的各种参数设置，如出价、人群标签、频次、广告素材等。更重要的是，通过对以往数据的分析，广告人员能够更好地分配广告预算，将效果监测转变为效果预测。

（二）广告产业生态重构

1. 新兴广告产业链初现

产业链理论最早可追溯至亚当·斯密有关分工的论断，产业链的本质是用于描述一个具有某种内在联系的企业群结构。从结构形态考察，广告产业链是由广告产业及其衍生产业周围的各企业以广告服务联系起来的链式中间组织，包括广告主、广告公司和广告媒体三大主

---

① 《深度语义文本分析挖掘 释放社交网络价值》，2008年11月10日，梅花网（http://www.meihua.info/a/51729）。

体；从价值属性来看，广告创意、广告制作、广告发布三个阶段共同构成了一条完整的价值链。大数据时代，行业纵向的垂直整合带动形成数据资源的不断聚拢，新型广告产业链初现雏形。首先，在产业链的上游催生了一批数据服务公司和以数据计算、存储、分析为主营业务、为广告产业提供大数据技术支持的服务型机构。前者包括专注SNS的数据服务公司、地理位置的数据服务公司，专门从事社交电视评论信息采集、分析的数据服务公司。后者主要是搭建广告交易平台的平台技术服务商和效果优化技术服务商；其次，在大数据产业链核心，聚集了一批新型数字广告公司，如"悠易互通""易传媒"。与传统广告公司不同的是，这些新型广告公司的策划、投放、效果监测都以海量样本的数据系统为支撑，利用定向技术、搜索引擎营销、口碑营销等技术定位目标受众；最后，大数据广告产业链下游，数字电视运营商、移动媒体服务商、网站运营商等众多新媒体在运营过程中产生了海量用户数据，成为大数据的主要来源。

目前国内围绕大数据所形成的广告产业链处在形成期，但其为广告产业提供了新的价值增长点，标志着一些以数据采集起家的小型本土广告公司将有机会和大型广告集团站到同一起跑线上，从而改变广告产业结构长期处于低级水平、低集中度与泛专业化并存，以及本土广告公司高度分散、高度弱小[1]的现状。

2. 产业融合与细分协同演化

信息化浪潮下产业发展总体表现为向技术密集、信息密集的价值环节升级，大数据背后反映出来的，正是这种产业结构性调整的变化。大数据技术在不同产业间的应用引发了溢出效应，产业之间，广告产业内部的传统边界趋于模糊。大型物业公司通过对社区视频数据分析能够开展个性化的广告产业务；亚马逊、淘宝等电商网站可根据多年

---

[1] 张金海、刘芳：《中国广告产业"低集中度"与"泛专业化"两大核心问题的检视》，《现代广告》2009年第4期。

来的用户购买记录，打造强大的实时广告竞价产品。广告主不只是通过第三方数据来了解受众，而是直接介入消费者数据的分析、开发。例如，2013年可口可乐公司与微软公司联合成立大数据中心，宝洁公司为其纸尿裤品牌"Pampers"专门研制了让父母记录孩子成长的移动App应用。大数据促进了广告产业间、广告产业与其他产业的融合。产业融合初期，对数据的采集、占有是主流，融合后期，数字挖掘、分析是关键。广泛对大数据进行挖掘，寻找适合企业自身的垂直领域的市场定位，已经成为企业脱颖而出形成竞争优势的重要方式。例如，RTB实时竞价广告模式的发展，诞生了一批定位于供方平台、需求方平台、数据平台的互联网广告企业。对比互联网广告产业发展较快的美国，中国在认证服务商、隐私服务商、动态创意优化服务商等前沿技术的细分市场上存在空白，这也将是下一步产业链延伸拓展的方向。

3. 产业竞争格局调整

根据产业生态学观点，广告产业活动是一种类似于自然生态系统的循环体系，广告公司连接广告主和广告媒体，处于产业生态系统的核心。传统广告公司兴盛于电视、报纸等大众媒体时代，凭借出色的广告创意主导市场。在大数据背景下，专业数字营销服务公司具有消费者洞察的特殊优势，必然挤压传统广告公司的生存空间。更值得注意的是，大型网络媒体已开发出基于整体用户行为数据分析、挖掘的可与大数据技术服务商媲美的产品，如"百度司南""腾讯MIND"，已有向广告传播平台发展的趋势。同样的场景也在国外上演。2011年，Facebook与联合利华公司签订全球战略协议，为其旗下各个品牌提供从数据到营销工具的各种支持；Google不再满足为广告公司提供策划分析工具，面对所有广告主推出一项叫作"Google Product Ads"的新服务。当网络广告媒体既是基于用户兴趣、社交、搜索、购买等行为的海量数据供应商，又是能够实时监控广告传播效果的评测机构，从而有能力为品牌商提供广告制作、发布、评估优化的"一站式"互联网营销解决方案①时，也就意味着广告主对广告公司的依赖大大削弱，传统广告公司所具有的渠道价值、创意优势、议价能力都将受到威胁。迈克尔·波特的"价值链"理论认为，企业与企业之间的竞争，不只是某个环节的竞争，而是整个价值链的竞争，价值链的竞争力决定企业竞争力。目前，广告传播已转化为"互联网+"背景下的整合营销传播，数据的核心价值凸显。蓝色光标集团收购多盟、亿动、美广互动多家移动广告公司，并成立移动互联业务板块及相关公司；宏盟集团推出程序化平台 Accuen 和 Vivaki，全球第三大广告巨头阳狮集团收购数字营销机构 Sapient，都可视为其面对大数据潮流的战略转型。广告产业中心从麦迪逊大街正向硅谷漂移②，对传统广告公司而言，在一个重组的产业格局中只有主动与被动两种选择。

第二节 大数据时代广告产业困境与趋势展望

一 迷局：大数据时代广告产业新思考

大数据开启了广告产业一次重大的时代变革，在颠覆广告产业旧有传播逻辑，建构新的话语体系的同时，也为广告产业带来了数据整合、隐私保护、人才培养等全新的课题。

（一）信息爆炸与数据整合

传播学理论认为，信息是不确定的消除。大数据引发了信息大爆炸，客户关系管理、搜索、移动、社交媒体、网络分析工具、普查数据……整个营销系统的变量越来越多，这些日益增加的数据"非但不是整个品牌营销系统确定性的增加，相反却成为了《连线》杂志创始主编 Kevin Kelly 所谓的失控可能性的增加"③。纳西姆·塔勒布在《黑天鹅：如何应对不可知的未来》一书中也提出，随着我们掌握的数据

---

① 金定海、朱婷：《移动互动中的价值驱动》，《山西大学学报》2013 年第 7 期。
② 陈培爱、闫琰：《数字化时代的广告传播》，《编辑之友》2012 年第 9 期。
③ 麻震敏：《营销智慧的进化论》，《成功营销》2012 年第 7 期。

越来越多，可以发现的统计上显著的相关关系也就越来越多。很多数据不仅对广告从业人员没有实际意义，还会干扰有价值信息的获取。最关键的是，现在国内各种数据库基础比较薄弱，除了数据的真实性、有效性有待检验之外，由平台商、数据商、开发者和运用者构成的大数据生态链仍在起步阶段，"稳固的数据交易和共享机制尚未在产业中全面形成"①，大量数据因利益问题散落在搜索引擎、微博、SNS、电商、数字电视、互联网等互不连通的媒体平台间无法整合。即使是数据整合，也仅限于亚马逊、腾讯、百度、谷歌等平台商的内部整合，是大数据环境里的零散片段。这种条块化、孤立、封闭的数据，容易造成数据分析的重复性，为广告运作的全面数据化带来难度。此外，从大量庞杂、无序的数据中提取有价值的信息，真实地归纳出受众的社会属性、行为规律，也是对广告人员数据搜集分析能力的极大考验。

（二）隐私保护

当前移动互联、网络社交愈演愈烈，受众越来越多的行为都沉淀为互联网数据库的"库存"数据：网页浏览习惯、购物习惯、社交关系网络一清二楚，网络地图和定位系统泄露受众的行踪，受众在社交媒体上说的任何一句话都有可能被细细解读。有评论指出，Web2.0革命的终极目的是创造"数据人"，即"将个人在互联网上的言行举止和世上一切有关此人的所产生的数据汇集起来精准描述"②。这一构想可谓美妙，但如何保证受众的隐私，并确保这些信息不被滥用？最近谷歌推出"共同代言"广告，就因用户搜索某一餐厅，网页上出现在该餐厅用餐后"点赞"的朋友的实名及照片，引发诸多用户的不满。即使大数据分析者强调用户特征"符号化"，以期淡化受众对个人隐私暴露的焦虑，然而"公众的市场消费行为变得毫无隐私可言，人们

---

① 奚路阳、程明：《大数据营销视角下广告运作体系的嬗变》，《编辑之友》2016年第3期。
② 《大数据时代创新性突破的三大方向》，2012年11月5日，比特网（http://cio.chinabyte.com/221/12461221.shtml）。

在生活中的一举一动无时不处于规模庞大的'超级全景监狱'监视之下"① 已是不争的事实。这里需要探讨的是：数据隐私的内容是什么？什么样的行为属于侵犯隐私权行为？网络数据具有不同分类标准和属性，既有用户基本信息，也有行为数据，数据隐私主要是指与个人隐私有关的部分属性，原则上对个人无害，个体不能被辨识，那么提取分析数据，与现行法律并不违背。然而有关个人的直接数据不能被辨识，是否就等同于去除了身份属性？从技术层面考察，用户在互联网上会留下各种"数据足迹"，这些"数据足迹"往往具有累积性和关联性，大数据技术完全可以通过对不同属性数据的交叉分析，将看似没有泄露隐私的数据整合，从而暴露个人隐私。再者，这些信息如果是被数据运营商或广告主采取技术手段间接披露，是否属于侵犯个人隐私？以上内容尚未在我国现行法律中作出细致规定，致使大数据隐私保护可操作性差，在司法实践中面临尴尬的局面。

（三）大数据广告人才培养

大数据对广告产业更深刻的意义在于广告人才需求的转型。大数据时代的竞争，"将是数据开放程度以及数据收集、整合、处置、使用能力强弱的竞争"②，也就是数据挖掘能力的较量。数据获取、数据挖掘、人群定向等广告环节无一不需要技术的介入。哥伦比亚大学 Tow Center 发布的一份报告《后工业时代记者的九项技能》中指出，后工业化时代记者要懂数据、会统计分析，能够操作各种用户分析工具，这可视为对大数据时代所有新闻传播从业人员的基本要求。美国华盛顿大学、波士顿大学、俄亥俄州立大学等各大学的传播院系现已开设了与大数据相关的课程，如数据挖掘（Data Mining）、社会网分析（Network Analysis）、网站分析（Web Analytics）。反观我国现有的广告

---

① 张淑芳：《数据库：消费社会的"超级全景监狱"》，《华南农业大学学报》（社会科学版）2011年第2期。

② 官建文、刘扬、刘振兴：《大数据时代对于传媒业意味着什么？》，《新闻战线》2013年第2期。

从业人员，知识积累偏重市场和人文，缺乏对数据的深度理解，作为我国广告行业人才培养重要阵地的高等院校，专业教育水平又严重落后于传播技术的发展，仅有中国传媒大学等少数院校的广告专业开设新媒体技能课程，大部分高校仍沿袭着传统广告学教学模式，以理论教学为主，侧重培养学生的文案策划能力和创意设计能力。与此相反的是，大数据浪潮将广告学科置于一个更加广袤的空间：大数据的获取、深度挖掘，定向广告环节算法……广告比以往任何时候都需要"技术"的介入。国外的大型跨国公司已进入广告分析2.0时代，通过几百个变量建构模型，在几分钟内运行上千次的情景模拟，计算一种媒体的广告投资变化对另一种媒体广告传播的影响或不同广告策略在一系列复杂环境下产生的不同效果。2008年雅虎资深研究员Andrei Brode更是明确提出"计算广告学"的学科概念，综合运用一系列大数据技术达到广告、消费者、语境三者的最佳匹配。由于计算广告学技术更新快，对数据环境要求较高，所涉及的大数据体量巨大，加之其融合了计算机语言处理、数据挖掘、广告创意设计、竞价营销等多学科知识，学科交叉性极强，以至于高校广告专业在师资、案例、教学环境方面均存在较多问题，开展大数据广告教学动力不足，目前只有清华大学开设了"计算广告学"方面的课程。如何转变传统广告学科过于强调文科属性的理念，创新教学体系、创新课程、实训环境、教学方法；如何培养基于大数据的广告学生的数据分析能力、思维方式，特别是由已知数据预测未知的分析能力；如何培养能够利用互联网、大数据挖掘、程序化购买等各种新型技术的复合型广告人才；这些不啻对大数据时代高校广告人才培养提出全新的挑战。

二 趋势：大数据时代广告产业前景展望

在互联网技术和媒体数字化的推动下，全球数字营销格局正发生巨变，"广告要谋求更好的生存与发展，必须做出生存形态、传播形态乃至观念形态的重大调适与改变"①。展望未来，随着以流量变现的注意力经济的衰落，以数据变现的体验经济、共享经济的兴起，广告产业将越来越强调技术整合，广告传播进入智能传播、数据传播时代。

（一）数据与媒介深度结合

广告媒介对于广告形态演进具有重要意义，媒介与大数据的结合将极大地拓展我们对未来广告的想象空间。借助大数据，户外广告这种最古老的广告形式出现了移动融合的显著变化：国外的一种智能户外广告牌能够通过摄像头和传感器，准确抓取受众的性别、肤色、高矮、胖瘦等各种数据，将不同的广告推送给不同受众，如观看广告的是一位年轻男性，那么广告牌会显示男士香水的广告，而非女士服装广告。客户关系管理数据、天气、体育成绩、交通和社交媒体情绪都将纳入数据库，从而帮助其判断出什么季节适合播放夏威夷的旅游广告，一天中哪个时段适合播放百事可乐的广告。同时，LBS技术与移动互联网通信技术的快速发展推进了基于智能手机传感器的广告测评系统的产生。该系统可依照用户搜索的关键词发送广告，定位手机位置追踪广告效果。百度公司研发的百度司南户外版，即运用上述LBS技术与搜索引擎技术，开创了一直以印刷技术为主的户外广告新时代。在百度司南户外版中，智能手机相当于一个地理空间定位器，凭借每天网民数十亿次的百度搜索数据、LBS数据，百度司南生成不同行业的户外广告标签分类热力图，人群位置分布、常访地点和特定位置的人群特征一目了然。如果说以上的精准广告和传统广告一样，仍然是向消费者强推的广告，那么2008年Amiad Solomon为"Web 3.0 Conference & Expo"会议所作的关于语义网的报告则完全颠覆了我们对现有媒介的理解：现有广告的原型，仍然是"纸"这样的媒介，这张"纸"（无论是文字、音频、视频）只

---

① 张金海：《月度聚焦——广告产业的转型》，《广告人》2010年第4期。

不过是一块屏幕,是打给受众看的。① 他指出,Web 3.0 时代通过在文档内容中加入可供计算机识别的"标记",万维网将升级为语义网,具有高度的智能性,直接识别网页内容的语义信息,分析所收集的网络行为,由 Web 应用自己与自己产生拓扑联系,沟通各种客户端、操作系统乃至所有的应用程序。

(二)跨媒介整合营销

数据是整合的基础,大数据时代广告传播将实现大融合。当前广告环境所发生的深刻变化在于,大数据化伴随着移动化、物联网化、自媒体化,受众信息接触和分享模式不断变化,传统营销模式也需要随之改变。其一,跨媒介、跨终端整合。在融合报刊、广播、影视、手机、互联网等各种数据,特别是基于人的数据资源基础上,将各种媒体之间的复合效应进行整体评估,广告投放与受众的时间、位置、终端相匹配,实现信息多平台发散,终端无边界传播;其二,整合官方微博、品牌 App 应用、品牌社区等自有媒体,积累营销数据库资源,与消费者展开长期沟通;其三,线上线下协同营销。互联网正在从单纯的内容提供方进化为广告传播的主导者,打通网络海量消费者行为数据与线下购买数据,实现线上线下的闭环营销是未来营销的重心。在能充分保护隐私的条件下,每个人的手机将成为自主计算中心,形成"本地+中心"的大数据计算方式。中国社会科学院信息化研究中心姜奇平预测,未来的广告将是一种全新的模式,例如,诱使顾客打开手机开放数据,根据手机上独一无二的消费数据、日程安排等专属数据,为受众推送一个完全个性化的广告。

(三)传统广告公司战略转型

数字媒体发展最为核心的是数据驱动,单靠广告创意和媒介购买,已经无法满足广告传播的需要了,对数据资源的控制、发掘将和广告

---

① 姜奇平:《从精准到推荐:大数据时代重构网络广告商业模式》,《互联网周刊》2012 年第 10 期。

创意、客户资源维护能力一样成为广告公司的生存必需品。传统广告公司要将数据上升为核心竞争力的高度，不仅要数字化，还要数据化。在这方面，跨国广告公司无疑已经走到了前面。作为"全媒体解决方案提供商"，实力传播已开发了名为 Touch Points 的数据检测系统，为客户检测微博中所有竞争对手的信息，从新聘请的代言人到品牌口号的变化无所不包；2013 年 7 月，全球第二大广告公司美国宏盟集团与第三大广告公司阳狮集团合并，推动数据分析能力是一个重要因素……广告公司要培养采集大数据及海量数据的信息处理能力，深度布局数据收集和分析平台，通过整合来自各种不同数据源的数据，延伸出数据加工产业链，实现服务领域的扩展。同时，发挥广告公司在创意和营销方面的优势，将数据与营销洞察结合。消费者行为背后有着深层的心理动机，面对中国消费者的复杂性和多样性，无论数据公司、还是技术公司只能实现某个领域的精准营销，难以满足碎片化市场环境中广告主的多元需求。既熟悉受众需求，又懂得网络媒体特性和数据挖掘，并在此基础上提供内容创意，最终提供个性化的跨平台营销方案——这既是传统广告公司转型的关键，也是其面对内忧外患的必然选择。

第二章 涅槃与重生：陕西广告产业镜像观察

伴随着中国改革开放的步伐，陕西广告产业走过了40年的历程。在这40年中，陕西广告产业虽历经重重波折，但仍稳步前行，在推动地区品牌建设、推进区域经济发展方面发挥了重要作用，成为陕西文化创意产业一道亮丽的风景。重温这一段激情澎湃的历史，不仅有助于我们深入厘清陕西广告产业现存问题的历史成因，更有助于我们探寻陕西广告产业的未来发展方向。

第一节 陕西广告产业的复苏与快速发展

一 广告产业复苏期（1978—1989）

陕西广告产业究竟起步于何时，现有研究文献并没有明确的记载。有资料将20世纪60年代视为陕西广告产业的萌芽期。1964年一批陕西广告人前往上海学习，带回了发达地区先进的理念，为陕西广告产业播下了种子。随之而来的十年"文化大革命"，所有的广告业务都被看成"资本主义的生意经"而被明令禁止，全中国广告产业遭受重创，刚刚起步的陕西广告产业也停滞不前。直至1979年，改革开放的春风让消失多年的广告又重新回到国人视野。1979年1月4日，《天津日报》率先刊登了天津牙膏厂生产的牙膏广告；1979年1月28日，上海电视台播出了中国有史以来第一条电视商业广告——"参桂补酒"广告；1979年3月5日，上海人民广播电台在全国电台中第一个恢复广播广告业务。这些举措具有划时代的意义，犹如一声长笛，标志着中国经济巨轮正式启航。陕西广告产业也从多年沉寂中复苏。1979年底，西安原解放市场（现开元商城）竖起了西安市第一块户外广告牌，虽然仅有18平方米，却已是当时的大型广告牌。1983年，西安举行了第一届中国广告节闭幕式，来自全国广告界的400多名正式代表，700多名非正式代表参加了闭幕式，陕西消费者和广告主对广告产生了新的认识，反响强烈。此后，陕西省广告经营单位逐渐增多（以国营为主）：1983年共有32家广告经营单位；1984年共有82家；1989年达342家。广告从业人员数量、广告营业额也稳步攀升，分别从1983年324人、294.6万元增加到1989年3642人、3276.6万元。[①] 至20世纪80年代末，陕西广告产业排名徘徊在全国19名、20名左右，高于甘肃、青海、宁夏、新疆、广西、海南、贵州、云南、安徽、福建、吉林。

二 广告产业快速发展期（1990—2002）

如果说20世纪80年代是陕西广告产业的导入期，那么20世纪90年代陕西广告产业才进入真正意义上的发展快车道。社会意识的转型以及流通领域商品种类逐渐丰富，促使少数具有市场经济意识的先行者率先进入这一新兴行业。他们把业务简单倒手，就赚得至少15%的代理费用。如此轻而易举便可获取不菲利润，进一步吸引了大批有识之士创建广告公司。陕西广告产业像一块刚刚开垦的土地，处处欣欣向荣。

（一）百花齐放，百家争鸣（1990—1996）

电视广告是20世纪90年代初期陕西广告产业的主要广告形式。

[①] 范鲁彬：《中国广告30年全数据》，中国市场出版社2009年版，第228页。

视频彩色图像技术的应用和电视媒体的普及,极大地开阔了国人的眼界,电视广告成为时尚生活方式的展示窗口。威力洗衣机、南方黑芝麻糊、广州鸿运电扇等情景式的电视广告,巧妙地将产品的理性诉求变为动人的故事情节,深深地打动了电视机前的观众。相较全国而言,陕西电视广告无论是创意水平还是制作水平皆有明显的差距,仍处于"信息告白+产品图像"的最原始广告阶段,但却并不妨碍电视广告传播产生巨大的轰动效应。例如当年西安尽人皆知的"惠群皮货"广告。惠群皮货以赊账、透支的方式,在西安电视台、陕西省电视台全天候、高频率地进行广告轰炸,全部文案只有十个字:"惠群皮货,总经理李大有",辅以雄厚的男高音。惠群皮货一下子成为西北地区最响亮的品牌,年营业额从最初的10万元飙升至1300万元。

彼时的陕西户外广告、报纸广告刚刚起步,所占市场份额不大。钟楼人民剧院附近竖着"505"神功元气袋、"三八妇乐"寥寥几块广告牌,由于制作全靠手绘,因此设计简单明了,尽量避免写实的画面。当时第一块电脑喷绘广告是南洋广告公司在南大街蝴蝶大楼对面制作的沙棘饮料厂冰激凌品牌"新意达"广告,虽说画面像素粗糙,只可远观,但已属先进且价格不菲。[①] 报纸广告方面,也仅有《陕西广播电视报》《西安晚报》《陕西日报》等为数不多的媒体,加之各家均为官办,政策管控严格,不能随意扩版,广告主旺盛的宣传需求与稀缺的广告版面之间的市场供需矛盾极为突出。

1993年被称为"中国广告年",是中国广告产业恢复发展以来高速猛进的一年,[②] 也是此阶段陕西广告产业的分界点。1992年邓小平同志南方谈话后,深化改革、扩大开放成为共识。广告产业第一次被列入国家发展规划,党中央、国务院把广告产业列入重点支持的十大产业,出台了《关于加快广告产业发展的规划纲要》,允许个体私营

---

① 李军民:《陕西文化产业现状与发展研究》,陕西人民出版社2008年版,第60页。
② 许俊基:《中国广告史》,中国传媒大学出版社2006年版,第247页。

广告企业经营广告，不再将其限制在设计制作领域。陕西广告产业在经营额、规模、人员三方面均有长足进步：从1992年广告经营单位的497户，广告从业人员4665人，广告营业额10399万元，一跃增至1993年的1047户、9236人、19761万元。① 也是从这一年起，陕西广告产业引入了计算机技术，1995年《华商报》母公司华圣集团旗下的华圣广告公司开始培训电脑设计师。这次技术革新浪潮，对推动陕西广告产业发展具有重要作用。第一，极大地丰富了广告创意人员的创作，提高了平面广告设计的工作效率；第二，普及了电脑喷绘，淘汰了专门从事手工绘制的户外广告从业人员；第三，促使大批民营企业进入，逐步占据市场主导地位。诸如以黑马、华图为代表的主营电视媒体的广告公司，以大广、马柯为代表的主营户外媒体的广告公司，以亚太、南洋、世经、利奥为代表的以策划创意见长的综合代理广告公司。这些公司业务经营遵循行业惯例，一般在媒体广告报价基础上，加价15%作为媒介代理费。此时的陕西广告产业，广告公司的利润空间得到保证，因此呈现出合作、学习、竞争的良好氛围。

（二）广告代理竞争期（1997—2002）

广告代理制度指"在广告活动中，广告主、广告公司、广告媒介之间明确分工，广告主委托广告公司制订和实施广告传播计划，广告媒介通过广告公司寻求广告客户的一种运行机制"②。广告代理制最早发端于欧美国家，是广告公司、广告主和媒体三方博弈的结果。这一时期陕西广告产业的代理业务蓬勃发展与整个广告产业的大背景密切相关。为克服媒体自行承揽广告业务专业性不足，夸大其词的弊端，与国际广告市场接轨，建立现代广告制度，1993年7月国家工商行政管理局、国家计委联合下发《关于加快广告产业发展的规划纲要》《关于在部分城市进行广告发布前审查试点工作的意见》等一系列文

---

① 范鲁彬：《中国广告30年全数据》，中国市场出版社2009年版，第228页。
② 陈刚、单丽晶等：《对中国广告代理制目前存在问题及其原因的思考》，《广告大观》（理论版）2006年第5期。

件也相继出台。以上文件明确要求广告承揽和广告发布业务分开，代理权归广告公司，媒体只能承接、发布广告，"报社、广播电台、电视台等媒介发布广告，必须委托有相应经营资格的广告公司代理，媒介本身不再允许直接承揽广告业务（分类广告除外）"①。于是，此时相继崛起的大部分陕西广告公司，如麦道广告、众智广告、元中广告、鼎展广告、泰伦广告、佳境广告，承揽户外业务的沙龙广告、正远广告、三宝广告、科艺美等，不再像此前的广告公司那样对媒体少有依赖，而是或多或少涉及广告代理业务，并垄断某一细分市场。即一个广告代理公司独家垄断某一个媒体的某个行业栏目。例如，鼎展"为您服务"，盛婴"美容时尚"和"周末商业街"，太平洋"教育"，海豚"旅游"，西宇"房产信息"，雄狮"房产"，比昂"医疗信息"。②由此可见，媒体在整个陕西广告产业中处于核心位置，广告公司围绕各自代理的媒体推广业务，大多充当着单纯为媒体服务的"媒体掮客"角色，其价值在于帮助广告主从媒体那里拿到性价比最高的广告资源，强媒体、弱代理的产业格局就此形成。

陕西广告产业的媒介代理业务在《华商报》创立后逐渐走向鼎峰。1997年之前，陕西报纸广告市场不温不火，老品牌报纸《西安晚报》深受陕西人喜爱，独享报纸广告市场的丰盛大宴，1997年广告收入达到创纪录的1.2亿元，名列全国晚报前五位。③ 同年，陕西华圣企业集团创办《华商报》，以社会新闻作为切入点进入陕西都市报市场。为有效打击竞争对手《西安晚报》，争夺广告客户，《华商报》采取了灵活的广告代理制度，让出较大利润给广告公司。《西安晚报》因为是官方媒体，制度僵化，反应缓慢，广告业务逐渐被《华商报》反超。"1998年《华商报》广告收入6000万；1999年广告收入1.2

---

① 国家工商行政管理局：《中华人民共和国工商行政管理局广告司关于加快广告产业发展的规划纲要》，中国百科网（http://www.chinabaike.com/law/zy/bw/gwy/gsj/1365040.html）。
② 李军民：《陕西文化产业现状与发展研究》，陕西人民出版社2008年版，第60页。
③ 李忠昌：《西安报业大战的启示》，《新闻界》2004年第3期。

亿"①，一举奠定陕西报纸广告媒体的领导者地位。

《华商报》的成功造就了一批代理其广告产业务的公司，也拉开了陕西报业市场竞争的序幕：除已有的《华商报》《西安晚报》《三秦都市报》《劳动早报》（在2000年9月更名为《今早报》）之外，又增加了四份综合类的日报：《各界导报》（陕西省政协主办）、《西安商报》（西安日报社主办）、《经济新报》（陕西人民出版社主办）、《百姓生活报》（未来出版社主办）。新报纸纷纷创刊，报纸媒体的强势地位显露无遗。其中，《华商报》显示出强者越强的广告吸纳能力：2001年广告营业额2.2亿元，全国排名第35位；2002年广告营业额3亿元，全国排名第31位；2003年广告营业额达3.6亿元，占西安媒体广告总投入的四成多。② 同时，广告代理公司的竞争日益激烈，广告代理费用持续走低。巨象广告公司颇具代表性。作为报纸媒体代理公司的巨头，该公司提出"媒体量贩"的概念，像商品流通过程中的批发商那样不追求单个产品的较高利润，而是以量取胜，将媒介给出的佣金以各种形式返还给广告主，不惜"零代理"，换取媒体对业务经营额最高的代理广告公司的高额度奖励。从经济学角度分析，"零代理"现象是部分拥有雄厚资本的广告公司为了扩大市场份额，将没有资金实力的公司挤出市场，并阻止其他公司进入的一种市场行为。③ 巨象广告公司的确凭"零代理"雄踞广告媒介代理市场，2000—2005年连续多年入选中国广告协会发布的"中国广告经营单位百强企业"排行榜。但是这种发动价格战的极端形式助长了陕西广告产业的无序竞争，一时间很多广告公司效仿巨象广告公司，为了拿到媒体奖励，"零代理"甚至"负代理"，竞相拉拢客户。这一举措虽造就了陕西广告产业一时的繁荣，却无助于培养广告企业核心竞争力和构建良好产

---

① 李忠昌：《西安报业大战的启示》，《新闻界》2004年第3期。
② 同上。
③ 张金海、曾兰平：《广告"零代理"的经济学分析》，《武汉大学学报》（人文科学版）2006年第5期。

业生态。

广告代理竞争期后期,陕西广告产业的亮点来自户外广告。自2000年开始,陕西户外广告产业发展迅猛,约有百余家主营户外广告业务的广告公司,大多集中在省会西安,以本地广告公司为主,也吸引了白马广告、分众传媒、TOM等国内知名户外广告公司。陕西户外广告70%以上的客户来自房地产、金融、银行业,以及开元、民生等本地大型商贸企业。2002年,陕西省政府首次引入户外广告拍卖程序,公开拍卖西安市钟楼地下环形通道1000平方米广告灯箱10年经营权。西安本土户外广告公司沙龙公司力挫群雄,以1120万元一举中标。钟楼地下通道广告位的拍卖标志着陕西户外广告走向规范化经营道路,此后陕西户外广告经营权的获取基本都要通过拍卖程序。

总体来说,这一时期适逢陕西经济增长迅速,居民消费意愿增强,陕西广告市场容量较大,加上医疗、房地产行业蓬勃发展,广告主投放广告量激增……种种利好因素推动了陕西广告产业在全国31个省、直辖市、自治区的排名由20世纪90年代初期的第20名升至第12名到第15名,排在北京、上海、广东、江苏、浙江、山东、辽宁、四川、福建等省市之后,居全国中上地位。陕西广告经营额位居西部地区12个省、直辖市、自治区第三,西北地区第一。

第二节 陕西广告产业的整体转型

一 传统广告代理业务式微

2003—2004年是陕西广告产业史上又一个分水岭。这一年,《三秦都市报》和《今早报》在陕西日报集团主导下合并,试图为已现颓势的《三秦都市报》创造更好的人力、物力资源,从而赶超市场上排名第一、第二的《华商报》和《西安晚报》。两报的合并彻底改变了西安报业市场格局,报业大战偃旗息鼓,一大批依附于报纸媒体的小型广告代理公司逐渐失去了生存空间，只有那些在医疗、药品、房地产、旅游、教育等行业具有垄断代理权的大型广告代理公司才能够存活。例如，代理《西安晚报》药品广告的巨象广告公司，代理《三秦都市报》医疗广告的元中广告公司和代理《三秦都市报》房产广告的典汇广告公司。该阶段同样值得关注的是药品行业广告投放的井喷与下滑。以"咸阳军团"为代表的医疗保健品"北派"，动辄在西安各大报纸上投放整版广告，频率高达每周三四次。大手笔、高频率、高密度的"地毯式"广告投放加剧了陕西平面媒体对医药保健品广告的依赖，特别是一些排位靠后、经营困难的纸质媒体，更加倚重医疗药品行业投放广告，有的纸质媒体的医疗药品广告甚至占到全部广告经营额的50%以上。2004年，国家工商总局和国家药监局加强了医药保健品广告的监管力度，查处、曝光了一批虚假广告和违规广告，陕西医疗保健品广告投放遭遇"断崖式"下跌，代理该业务的广告公司陷入困境。

在媒介市场和广告投放市场的双重打击下，陕西广告产业遭遇了自改革开放以来最困难的局面，广告经营单位、广告经营额、广告从业人员三项指标均明显下滑：2003年广告经营单位3104人，从业人员23219人，广告经营额199044万元；2004年广告经营单位1421户，广告从业人员13275人，广告营业额84076万元；2005年广告经营单位769户，广告从业人员5011人，广告营业额38883万元。① 也就是说，连续三年陕西广告产业增长率为负值，2004年、2005年广告营业额增长率更是达到-50%左右。这不仅是陕西广告产业历史上最大的一次倒退，而且在全国广告产业历史上也十分罕见。

从表面看，这是报业市场竞争结束和保健品广告投放大幅降低两大外部原因导致的结果，但深层原因还得从陕西广告产业内部寻找。陕西业内有实力的广告公司无不与报纸或者电视台有着千丝万缕的联

---

① 范鲁彬：《中国广告30年全数据》，中国市场出版社2009年版。

系，在企业盈利模式、企业结构和内部机制上都过分地依赖媒介资源。一旦媒介不景气，或者得不到优惠的时段、版面，整个广告公司的发展就会面临生存问题。再加上2000年左右广告公司为了短期利益，一味降低代理费，这样的环境更是为其生存带来了巨大挑战，也可以说是致命的压力。广告公司的主要职能是为客户提供以策略为主导，市场调查为基础，创意为中心，媒介选择为实施手段的全方位、立体化服务。媒介代理业务的盛行使得广告公司轻策划、重媒介，公司大部分核心资源向媒介业务倾斜，本该体现专业水准的策划服务却是媒介购买的附加服务，可以赠送给广告主。如此一来，广告从业人员不注重提高自身专业素养，业务能力不过硬，不能为广告主提供满意的广告效果，只能在价格上做文章，而价格血拼也进一步降低了广告公司的服务质量。

陕西广告产业在这次重挫下被迫转型，传统的代理费制度（15%的策略+创意+媒体）土崩瓦解，代之以月费和项目费。许多广告代理公司不得不重新寻找定位，有的转向客户服务方向，有的转向户外广告或是开拓电梯广告、网络广告等新的业务领域。但是网络广告业务并没有带来预期的经济效益，陕西第一家代理网络广告的大方广告在经营了一段时间的网络广告业务后重新回归原有业务，只有新创、翰维、双赢、鼎展、天翼近10家企业，在公司核心的传统媒体广告代理业务之外，兼营门户网站的广告代理业务和域名推广、网站建设。分类广告因价位低，容易被广告客户接受，成为早期网络广告代理的主要形式。

二 广告媒体新陈代谢初始

（一）传统广告媒体仍居首位

转型期的陕西传统广告媒体呈现三足鼎立的局面。电视媒体仍位居广告经营额首位，但部分电视媒体广告经营额在2004年后增幅减缓，并且在实施频道改版、整合广告资源、改善服务等一系列改革后效果并不明显。例如西安电视台广告中心，2001年广告营业额为11500万元，全国前100名排名第69位；2002年，广告营业额为10563万元，全国前100名排名第82位，比上年下降了8.15%；到了2005年，则榜上无名。① 与此形成鲜明对比的是《华商报》市场化程度进一步提高，日发行量达60万份，80%为订阅发行量，平均阅读率为52.8%。② 2005年广告营业额达5亿元，全国排名第28位，是西安、陕西乃至西北地区发行量、阅读量、影响力最大，千人成本最低的报纸广告媒体。

广播媒体方面，随着都市私家车拥有量不断增长，西安音乐广播电台、西安交通广播电台在都市高端人群中传播影响力逐渐增强，快速消费品、医疗保健、房地产、消费娱乐四大品类在广播广告经营额中的比重加大。广播媒体积极的引入植入式营销理念，开发联通Office广播系列剧、量身打造高级定制活动"清风车影"等，探索植入式广告形式；又充分提升广播媒体互动性，加强活动收入、热线电话、短信等非广告收入，力求实现广播广告的多元化经营。

（二）新兴广告媒体发展迅猛

传播学者麦克卢汉曾说："媒介即讯息。"每一种新媒体的产生都开创了社会生活和社会行为的新方式。依托技术进步，陕西广告媒体朝多元化方向进一步发展，网络广告、楼宇广告等媒体异军突起，由"形式数量太少，没有形成规模，品牌度很弱"③走向专业化、规模化、品牌化。在新的传播环境里，新兴媒体双向互动，精准击中目标受众，充分降低传播成本，改变了报纸、广播和电视三大传统媒体对广告发布的垄断，为陕西广告产业带来全新的广告机会和广告模式。

---

① 李军民：《陕西文化产业现状与发展研究》，陕西人民出版社2008年版，第60页。
② 《华商报媒体简介》，媒体资源网（http://www.allchina.cn/FilterMedia/PrintPaper/Pm_detail_Paper0_535.html）。
③ 《陕西省广告产业存在问题及发展前景》，《今传媒》2008年第3期。

首先，迅猛扩张的网络媒体，是这场"新陈代谢"中的主要新兴力量。自 2005 年西安第十二届中国广告节"互联网高峰论坛"召开以来，陕西网络广告进入快速发展阶段。整体网络广告营业额从 2006 年仅 150 万元增加到数千万元。增长性最为显著的"古城热线"网站，"2006 年广告收入仅为 7.3 万元，2007 年突破 135 万元，同比增长 1756.2%"①。"古城热线"网站隶属中国电信陕西公司，是华语地区最早的互联网内容服务商，下设新闻、视频、娱乐、理财、访谈、论坛、美食等 30 余个栏目，在当时全世界中文网站排名前 70，世界网站排名前 500。基于这样的优势，英特尔、东芝、摩托罗拉、华为科技、菲亚特汽车、中兴通讯等多家国内外知名企业都将"古城热线"网站作为在陕西乃至西北地区投放互联网广告的主要媒体。2006 年 6 月，西安腾讯·大秦网成立。大秦网以众多的 QQ 用户资源，弹出式页面的宣传方式，日浏览量很快突破 1500 万。自此，陕西网络广告媒体形成了综合类网站和专业类网站鼎足而立的局面。专业类网站有西安搜房网、西北 IT 网、太平洋电脑西安站、陕西汽车网、263 在线好吃网、焦点西安房地产、西安房地产信息网、西安新闻网，综合类网站以古城热线、华商网、西部网、搜狐西安、大秦网为代表。但是本地网站发展总体与全国发达地区相比仍显缓慢，加之广告主认知不足，陕西网络广告经营额在全部广告经营额中所占比重仅为 0.05%，远低于 3.17% 的全国平均水平。②

其次，楼宇媒体、手机媒体等各种新媒体形式层出不穷，分众传播模式逐渐兴起。2003 年底，分众传媒成立西安分公司，建成覆盖 100 座高级写字楼、星级酒店、娱乐健身会所的楼宇广告联播网络。本地广告公司三安国际传媒也逐步在西安各个高档场所、宾馆、商务写字楼 600 多个网点投放了 700 多台液晶广告屏幕。与传统媒体相比，

---

① 《中国广告年鉴》编辑部：《中国广告年鉴（2006）》，新华出版社 2006 年版，第 89 页。
② 鲁杰、姚书志：《西安经济技术开发区文化创意产业基地的建设研究》，《陕西科技大学学报》2010 年第 6 期。

楼宇电视具有"动屏化"（SISOMO）的显著特征。"动屏化"由 Saatchi & Saatchi 广告公司全球总裁凯文·罗伯茨率先提出，强调"画面（Sight）、声音（Sound）和动作整合（Motion）将成为新时代的主要传播形态。此外，楼宇媒体价格低廉，能根据各社区不同的业态、人群基础数据精确定位受众群，针对高学历、高收入阶层传播效果更佳，尤其在媒体组合推广时受汽车、房地产、餐饮、金融等行业广告主青睐。一时间，三安国际传媒、分众传媒、冠捷广告、百川文化传播广告公司建设的楼宇电视联播网络随处可见，陕西的公共汽车、出租汽车等各种交通工具上也加装了液晶屏幕，开发各种数字媒体终端成为陕西广告产业的热点。

第三节 陕西广告产业迈向新纪元

2008—2017 年这十年间，中国社会发生了巨大变化，城镇居民家庭人均可持续收入增加 165%，第三产业在整个产业结构中的比重首次超过 50%，消费贡献率提升 24 个百分点，[①] 持续推动经济增长。这十年，也是中国向信息化时代飞奔的十年。整个社会从制造业向信息服务业转型，网络技术、通信技术、多媒体技术迭代加速，互联网全面深入人们的衣食住行等日常生活。在此背景下，陕西广告产业呈现出前所未有的新局面。

一 广告产业规模不断扩大，整体实力大幅提升

自西部大开发战略实施以来，陕西省经济高速发展：2009 年经济总量 8186.65 亿元，相比 2000 年 1804 亿元，年均增长 12.9%；财政收入达 1389.5 亿元，是 2000 年的 7.4 倍。2010 年上半年陕西省生产

---

① 易观：《中国互联网趋势报告 2016》，2016 年 9 月 9 日，广告门（http://www.adquan.com/post-13-34701.html）。

总值4289.8亿元，比上年同期增长16.8%，比全国平均增速高5.7个百分点。① 稳定高速的经济发展态势吸引了越来越多的品牌在陕西投放广告，广告品类从20世纪90年代的食品、医疗、化妆品扩展到药品、食品、化妆品、医疗、家用电器、服饰、房地产、旅游、汽车、手机、电视、糖、烟、酒、IT业等各个领域。从产业整体而言，在经历了2004—2006年的低谷之后，陕西广告产业全面恢复。2008年全省广告经营额在2007年38566万元的基础上实现爆发式增长，达到138894万元，同比增长260.15%，② 被称为经济危机中独特的"陕西现象"。近几年，陕西广告经营总额也一直保持着较高的增长势头，广告产业崛起之势更加清晰（见图1）：2013年陕西省广告经营额超50亿元，从业人员近40000人；2014年陕西省广告经营额为124.6亿元，占全国广告年经营额比重的1.7%，广告经营单位5000家，广告从业人员80000余人，③ 分别是1983年的6000倍、156倍、245倍，稳居全国第12位。至这一时期，全国广告产业形成四个梯队。第一梯队是以北京为龙头，以江苏、上海、浙江为熊腰，以广东、湖南为豹尾，由山东、天津、福建串联起来的沿海带状环形地区；第二梯队是以湖北、河南、安徽中部三省和西部的四川、陕西构成的"T"字形次发达地区；第三梯队为广告欠发达地区，分布零散，包括重庆、云南、新疆、广西、内蒙古等西部省份，中部的江西、山西、河北，东北的黑龙江、吉林、辽宁，以及海南。甘肃、贵州、青海、宁夏、西藏五个西部省份为不发达地区。

---

① 周海龙：《闻道，勤而行之——陕西电视台广告中心主任李强访谈》（http：//www.newad.net/html/zhuanti/10992.html）。
② 范鲁彬：《中国广告30年全数据》，中国市场出版社2009年版，第280页。
③ 徐颖：《"丝路"成就创意梦想——陕西广告产业再腾飞》，2014年5月25日，陕西传媒网（http：//www.sxdaily.com.cn/n/2014/0525/c266-5439331.html）。

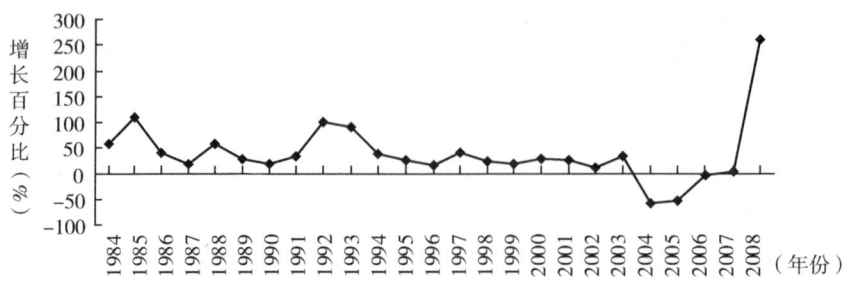

图1　陕西省广告经营额增长趋势图①

二　重构竞争格局

2003年之前，陕西90%的广告公司为本地媒介代理公司。经过第一轮调整，一部分竞争力不足的小公司遭到淘汰。2008年左右，鉴于陕西对整个西北市场的强大辐射力，外地广告公司纷纷进入陕西市场。例如，来自沿海的地产广告公司尚美佳、博思堂、壹代策略、依托媒体资源的分时传媒、航美传媒、品尚新传媒及整合型广告公司广州旭日因赛广告公司、阿佩克思达彼思广告公司。同时，广告传播营销环境的改变，社会化媒体营销、大数据营销等新的营销传播形式被广泛应用，也加速了陕西广告公司经营业务分化蜕变的进程。此时陕西广告产业重新洗牌，广告公司竞争格局重塑：第一类是与地产行业相关的地产广告公司，有来自深圳的BOB尽致、青铜骑士、零上4度、尚美佳、博思堂、三友良品；来自广州、上海的实效顾问、壹代策略、诺希维，以及蓝色飞扬、美城、蓝狐等本地企业。第二类是传统的媒介代理公司以及从广告公司内部剥离媒体业务形成的一批新的媒体公司。以巨象、美灵、沙龙、星海、艾特、绿一、分众为代表。第三类是顶尖、左右等营销策划公司。第四类是品高、太怡和美、云迈思、壹公关、大势至美、道合力展之类的公关传媒公司。第五类是互动、新媒体广告公司，例如智讯互动、神采飞扬、春华。这类公司因契合了网络传播的潮

---

① 根据范鲁彬《中国广告30年全数据》刊登数据绘制。

流,具有技术方面的核心竞争力,成为陕西广告产业的后起之秀。

三 广告产业集群化发展

广告产业集群是指"在广告市场中,以广告产业为核心,大量与广告产业联系密切的其他产业(以传媒业和处于广告主位置的相关产业为主)以及相关支撑机构在空间上集聚"①。产业集群是广告产业从分布分散、规模偏小、低水平经营向规模化、集约化、产业化演进的必由之路。西安曲江、高新两大文化产业园区经过多年发展,聚集了陕西华商文化产业园、陕西广电网络产业园、陕西广播产业园,中国西部户外传媒产业园、广告标识产业园等多个小型文化产业园区,囊括陕西出版集团、光中影视、电广传媒、神采演出、西部电影频道经营有限责任公司等一批大型文化集团。曲江文化创意产业聚集区集旅游、影视和会展等产业门类为一体,西安高新区则定位于集策划、研发、创作、生产、营销和培训为一体的数字出版传媒产业基地,以电影电视动画片制作和节目制作为一体的影视拍摄制作产业基地以及手机娱乐产业基地。截至2010年,西安高新区共拥有2300家创意企业,② 创意产业收入100亿元,占全区营业收入的15%。其中唐延路创意产业带聚集了大唐、中兴、华为、联众世界、美国ALONG、神奇网络等一批国内外知名创意企业。此外,西安经济开发区被授予国家级印包产业基地,从文化制造业角度涉足文化产业;而西安国际港务区,依托陕西国家广告产业园,以广告创意产业为主导,重点发展广告创意设计、标识认证、传媒企业区域总部,周边集聚综合保税区、西安华南城、中西部大宗商品交易中心、物联网应用产业园区,有利于广告设备、材料、新媒体等进出口产品保税展示和广告企业网络办公、资源云端管理等。与广告产业联系密切的创新型产业集群所

---

① 邓敏:《我国广告产业集群现状分析》,《当代传播》2008年第1期。
② 《西安高新区文化创意产业逾百亿》,2011年10月11日,中国网(http://www.chinadaily.com.cn/hqpl/zggc/2011-10-11/content_4029826.html)。

形成的规模效应推动新时期陕西广告产业进一步提升结构、打造中高端产业链。

四 广告公司的转型与升级

陕西地处中西部地区,经济发展水平有限,作为依附性极强的广告产业,更倚重区域媒介环境,导致前文所述陕西广告公司呈现出媒介代理为主的特点。这种链条型、低水平的代理模式对广告公司专业服务能力要求不高,极大地限制了广告公司的发展。当前,陕西广告产业在经营业态上转型升级,在分工领域出现了依靠某种专业优势或媒体资源优势,以广告产业链条中某一环节为主业的公司。

(一)从代理型广告公司向资源型广告公司转型

武汉大学教授张金海认为,我国发展势头强劲的大都是一些资源型广告公司,如海润国际广告公司、北京公交广告有限责任公司、南京大贺户外传媒集团、分众传媒集团,这些公司不仅承接代理业务,还拥有强大的资源优势。陕西广告市场的发展印证了这一论断。沙龙广告有限责任公司、西部机场传媒有限公司、西安振兴公交广告有限责任公司,率先做大做强,凭借从户外媒体获得的资源优势,以此为竞争的突破口,成为陕西广告产业的佼佼者。陕视传媒运营公司跨界发展也初具雏形,在代理电视媒体、广播媒体、网络媒体的基础上进入户外广告市场,发展成为一个专业的全媒体代理公司。

(二)从创意型广告公司向创意产业型广告公司转型

创意产业描绘了广告产业的相关产业图景,凸显了广告产业的核心竞争力即创意能力和品牌打造能力,为广告公司的斜向扩张奠定了基础。摆脱低利润无序竞争的媒介代理盈利模式后,陕西一些具有一定规模的广告公司逐步将业务向广告产业链上下游延展,提供传统广告产业务,并介入营销及广告运作的前端(咨询、策划),或立足自身公司特点,提供专业化的服务。例如,陕西沙龙传媒有限公司2010年将核心业务拓展到创意策划、品牌管理、媒体工程领域,形成了完整的产业链布局；塞尚沟通布局新媒体、活动策划执行、复合型书店经营、文化活动。以经济学产业升级理论而言，陕西广告公司正通过增加新功能或放弃低附加值业务，逐步实现对价值链各增值环节的重新组合。

五 资本运作初见成效

资本化经营是广告公司发展的助推力。在媒体资源相对稀缺和市场竞争日益激烈的环境下，雄厚的资金实力无疑是广告公司发展的重要保障。单纯依靠内生型增长提供资金的模式已无法满足广告公司在激烈市场环境中快速成长的需求，以资本运作快速整合横向、纵向广告产业链，实现多元化的盈利模式和规模化经营成为陕西广告公司的共识。自2015年以来，三人行传媒集团、陕西金色西部广告传媒股份有限公司、西安良品观数字广告股份有限公司等一批陕西广告企业陆续在"新三板"挂牌，经营业务涵盖地产营销代理、广电媒体、影视剧制作、广告策划、校园整合营销（见表1）。这是陕西广告产业在资本市场的重大突破。通过资本运作，陕西省初步拥有了较强竞争实力的大型综合性广告企业。

表1　　　　　　　　陕西省上市广告公司一览表①

公司名称	成立时间	上市时间	证券代码	股票简称	主营业务	证券类别
西安三人行传媒网络科技股份有限公司	2003	2015.3	832288	三人行	广告设计、制作、代理；活动组织策划，企业管理咨询等	新三板
西安创典全程地产顾问股份有限公司	2006	2015.7	833053	创典全程	房地产代理销售；房地产信息咨询、策划；企业管理咨询	新三板
西安好看影视传媒股份有限公司	2012	2016.3	835959	好看传媒	影视制作、发行；广告设计制作、代理、发布等	新三板

① 因创典全程涉及地产策划业务，好看传媒涉及影视广告产业业务，故均被收录。

续表

公司名称	成立时间	上市时间	证券代码	股票简称	主营业务	证券类别
陕西金色西部广告传媒股份有限公司	2011	2016.7	837033	金色股份	广告设计、制作、代理和发布	新三板
西安良品观数字广告股份有限公司	2011	2016.8	838054	良品观	广告策划业务	新三板

六 各媒体广告此消彼长，网络广告成为主流

（一）网络广告稳步增长

这一阶段的传统媒体正面临前所未有的挑战，报刊、广播、电视在经历多年的高歌猛进之后，广告增长率从高位继续下降，广告媒体的强势地位从根本上被动摇。与此形成鲜明对比的是网络广告。2015年中国网民人口规模接近7亿，约占中国人口的50%，互联网广告每年增幅超过40%，2015年营业额达到1500亿元。[①] 就陕西网络广告市场而言，在经过2008—2013年高速增长并达到一定规模之后，新浪网陕西站、西安房地产信息网等网络媒体每年广告收入都保持在2000万元左右，步入较为稳定的发展期。除了网络广告的传统行业客户IT、手机、汽车、房地产业之外，医疗、建材、教育行业也青睐网络广告的宣传效果，加大了资金投入，仅利君药业每年在三九健康网投入的广告费用就达百万元以上。2011年"杨森吗丁啉"制作的一组名为"北京现代城超酷健胃操""办公室美腿MM群跳建胃操"的健胃操，优酷点击量超过500万人次；另一个西安杨森的产品广告"金达克宁 爱之痒"，定位为首部校园爱情互动电影，宣称"你就是导演，你就是男主角"，让受众以第一人称视角参与剧情，决定故事发展，创造专属爱情故事，开创了医药客户与互联网

---

① 刘长忠：《中国互联网广告营业额达1500亿》，2015年10月24日，中国新闻网（http://www.chinanews.com/cj/2015/10-24/7587592.shtml）。

合作的新局面。与前一时期网络广告发展不同的是，大数据、云计算技术的广泛应用，广告投放从购买媒体变为购买受众，通过人群定向技术可以精准锁定受众，因此区域性网站不再是陕西广告主投放的首选，而是主要在百度（搜索引擎）和腾讯、网易等门户网站进行广告投放。

（二）移动广告升温

21世纪以来，手机用户增长迅速。2015年全国手机网民从2006年全国人口的1%上升到45%，总人数达6.2亿。[①] 移动端聚集了大量的消费者，渗透到搜索、视频、社交等方方面面，凸显了移动广告的营销价值。移动广告，全称"移动互联网广告"，指基于无线通信技术，以手机等移动设备为载体的一种广告形式，是移动营销的重要组成部分。相比传统媒体广告，移动广告具有信息的扩散性、即时性（手机是个人随身物品，可即时接收广告信息）、精准性（大数据技术可根据用户情况和实时情境发送广告）。2012—2014年，移动广告保持了年均100%的增速。特别是以大数据分析及实时交易系统为支撑的程序化购买广告实现爆发性增长，从2013年21.7亿元增长到2016年280.8亿元。[②]

显著增长背后预示着结构性机遇，移动搜索广告、移动视频广告、移动社交广告备受陕西广告主青睐。西安万科大明宫项目的前期推广以"这里的主人曾经姓李"作为创意概念，用《李氏传奇》微电影视频，通过"病毒传播"的方式实现了140000次的视频播放量，4000万人次的微博话题曝光，[③] 快速提升了产品知名度。但是相对而言，目前广告主接受度最高的是微信广告。微信是腾讯公司于

[①] 易观：《中国互联网趋势报告2016》，2016年9月9日，广告门（http：//www.adquan.com/post-13-34701.html）。

[②] 艾媒：《2016—2017年中国移动广告行业研究报告》，2017年1月20日，艾媒网（http：//www.iimedia.cn/47938.html）。

[③] 《万科 大明宫〈李氏传奇〉楼盘推广 从姓氏说起》，2012年10月，数英网（https：//www.digitaling.com/projects/10771.html）。

2011年推出的为智能终端提供即时通信服务的免费应用程序。微信的流行普及推动了O2O（Online To Offline）营销模式的兴起。大多数陕西企业已开通了微信公众平台，一些高端项目不再把微信看成简单的营销工具，而将其视为品牌形象展示窗口。广告公司也将微信广告由最开始的一项辅助服务变为重要业务。特别是微信H5（HTML5）广告，现已成为陕西广告产业采用较多的一种广告形式。从2014年引爆朋友圈的H5小游戏"围住神经猫"，到颠覆传统广告的大众点评H5专题页"我们之间只有一个字"，H5广告诞生不过几年时间，但这一广告形式在2016年西安Shining Party荧光派对，西安高科麓湾"十一"宣传，老城根G park开业推广等一系列广告活动中都有所采用。例如古城西安商业体老城根G park先是在腾讯视频投放《古城西安的内心戏：为不平凡的渴望》的视频预热，后结合H5广告宣传了韩寒的ONE展、李晨的NPC开业活动，形成多维度的纵深传播；西安高科麓湾H5广告集人物抠像、虚拟动画、分格漫画、情景交互、视频互动等技术于一体，极具穿越感。

（三）地铁广告异军突起

2011年9月16日西安地铁2号线开通，开启了西安地铁新时代。目前1号线、2号线、3号线三条地铁线路的广告均由东莞大象广告公司独家代理。

西安地铁穿越繁华地段，人流量大，广告重复阅读率高，迅速成为各品牌投放广告的主要媒体。地铁广告共涉及餐饮、金融、数码家电、汽车、地产等十余个领域，年度投放总量前六位的分别是医疗、快销、金融、手机、电商和房地产行业（见图2）。

从目前经营情况看，西安地铁广告发展时间短，与武汉、成都等二线城市相比，差距较大。广告主投放地铁广告优先选择武汉、成都等经济体量大、城区人口更密集的城市。例如，Vivo手机在西安地铁年投放广告额700万元，而在成都地铁年投放广告额2000万元；保健品品牌康宝莱每年在西安和一线城市投放地铁广告的数额更为悬殊，

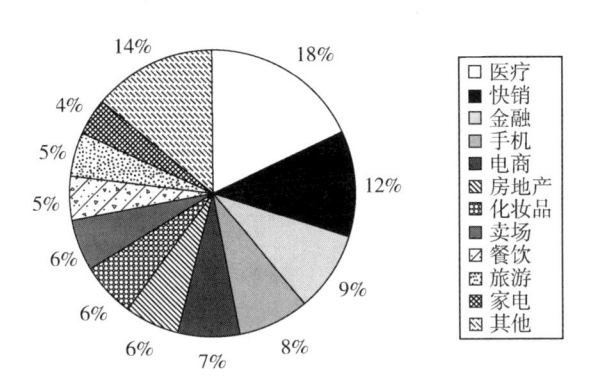

图 2　地铁 1 号线、2 号线广告投放额类别图

西安投放仅为 30 万元，而一线城市可达数千万元。另外，西安地铁公司管理严格，地铁广告受限较多，媒体资源没有得到充分的开发利用。西安合源大象广告公司的"Hi 地铁"新媒体广告系统，需要线上线下联合推广，立柱广告是线下必不可少的一环，这种地铁立柱广告在其他城市较多，却未通过西安地铁公司批准，直接影响了该系统在西安地铁广告的使用。

从具体形式来看，西安地铁广告有户外广告、视频广告和纸质广告三种形式。户外广告在地铁广告中最常见，陈列最多，包括橱窗灯箱广告、车站出入口导向广告、站厅梯眉、梯旁看板、屏蔽门贴、墙贴广告、列车车厢看板。屏蔽门贴广告到达率最高，灯箱广告千人成本最低（见表 2）。视频广告主要是车站固定电视、车载移动电视、大屏和字幕广告。西安城市形象广告就围绕"丝绸之路"主题（见图 3），选取了屏蔽门贴、墙贴广告、列车车厢看板几种形式，形成不同系列，具有很强的视觉冲击力和情境体验。

早期地铁广告只有传统的户外广告和视频广告，2011 年 12 月《西安地铁早 8 点》正式创刊，成为西安地铁媒体内唯一的纸质媒体。该报每日固定版面 16 版，每周一、二、五早 7:30—9:30 在西安地铁 2 号线 17 个站免费派发，发行量 10 万份左右。为配合地铁的传

图3　西安地铁系列城市形象广告

播场景,《西安地铁早8点》设置了"始发站""车窗外""地铁眼""双轨道""地铁那些事儿"等栏目,主要刊登民生、娱乐、体育类新闻,现已形成报纸(创意策划+硬广+报道)+扫码+微信微博+QQ团+电商+线下集客环环相扣的广告模式。2014年6月阿里巴巴集团"码上淘"业务在西安宣传时,便选择地铁报投放广告,详细介绍了如何通过手机扫码、手机支付进行网上消费的环节和步骤。地铁独特的"场景化"传播环境(地铁媒体的空间+时间+体验=场景①)给予西安地铁广告极大的创新可能性。未来西安地铁广告应在开发更多媒体形式的基础上,寻找广告创意与地铁在空间和时间的契合点,根据受众心理营造场景体验,加强地铁广告的互动性和娱乐性。

---

① 范辉:《地铁媒体的场景运用模式》,《中国广告》2016年第6期。

表2　　　　　　　西安地铁广告（2号线）数据统计表[①]

级别划分	站点名称	全天人次	早高峰(7:30-9:30)/h	晚高峰(16:30-19:00)/h	正常时段(per/h)	Sat. & Sun.(per/h)	节假日(per/h)	屏蔽门贴 到达率(%)	屏蔽门贴 千人成本	站厅梯眉 到达率(%)	站厅梯眉 千人成本	12封灯箱 到达率(%)	12封灯箱 千人成本
S级站点	凤城五路站	31578	2658	2736	1973	2143	2042	32	478.44	28.21	132.55	15	110.67
	市图书馆站	32844	3205	3206	2206	2890	2769	33	417.03	29.85	107.57	14	89.81
	北大街站	72435	7216	7355	6908	7680	8380	40	164.69	28.95	202.47	14	44.84
	钟楼站	79968	6988	7304	6877	7892	8765	40	178.14	29.02	119.23	15	48.50
	小寨站	98416	5895	9603	7966	12034	13088	40	153.48	29.10	167.14	15	41.78
	会展心站	69512	6300	6756	6123	6524	6626	39	180.25	29.70	98.85	15	49.07
A++级站点	北客站	39388	5632	6488	4649	6988	9654	32	177.52	51.05	153.85	26	48.33
	行政中心	37653	3588	3602	2334	4132	3025	40	233.11	无		14	63.46
	龙首原	59654	5368	5481	4863	6521	7456	41	202.22	28.65	48.59	14	55.05
	永宁门	61852	5890	5670	4911	6335	6689	41	194.99	28.67	63.58	14	53.08
	体育场	63846	6146	6232	5739	7132	7896	40	185.51	28.69	120.98	14	50.50
	三爻站	49669	4798	4880	3254	5532	5532	41	213.14	28.56	64.51	14	58.03
	韦曲南	45223	4633	4768	3112	5875	5120	41	203.66	28.65	66.41	14	55.45
A+级站点	大明宫西站	29780	2832	2876	2252	4380	4652	40	292.73	28.82	70.33	14	79.69
	安远门站	26395	2754	2834	2148	3731	4125	41	329.61	28.14	79.19	14	89.74

① 数据来源：西安地铁独家代理公司西安合源大象地铁广告文化有限公司，数据统计时间：2016年。

续表

级别划分	站点名称	全天人次	Mon.-Fri.			Sat. & Sun.(per/h)	节假日(per/h)	屏蔽门贴		站厅梯眉		12封灯箱	
			早高峰(7:30-9:30)/h	晚高峰(16:30-19:00)/h	正常时段(per/h)			到达率(%)	千人成本	到达率(%)	千人成本	到达率(%)	千人成本
A+级站点	南稍门站	32058	3396	3478	2788	4188	4866	36	288.49	51.11	69.31	26	78.54
	韦一街站	25367	2605	2685	2231	3654	3998	40	332.73	28.91	79.94	14	90.58
	凤栖原	23448	2455	2561	2155	3598	4102	40	353.81	29.22	115.37	15	96.32
	航天城	22669	2455	2532	2131	3624	3965	40	366.85	28.71	96.73	14	99.87
A级站点	北苑站	20496	1898	2033	1566	2432	2641	40	382.16	28.97	91.82	14	104.04
	运动公园站	24638	2433	2148	1962	3869	4562	40	311.87	29.21	74.93	15	84.91

（四）DM广告逐渐衰落

DM广告是英文Direct Mail Advertising的简写,直译为"直接邮寄广告"。2008—2010年,陕西涌现出30多种DM媒体,如《品位》《金页导航》《时尚经典》《华讯直递》《名仕》《西北航空》……《长安客》以机场为发行渠道、《华讯直递》凭借华商报的发行渠道和广告资源优势,经营情况较为良好。

陕西DM媒体曾经作为精准投放高端客户的媒体,一度在品牌推广、产品销售方面起到了积极的推动作用。数据显示,陕西DM广告投放量排名前五位的行业依次为房地产、化妆品、服务业、信息产业、汽车,行业集中度达到64.58%。[①] 曲江湖滨花园的名车秀、骡马市开盘的整体推广、曲江六号的名表鉴赏晚宴均利用《华讯直递》进行营销推广。一些跟餐饮相关的行业则直接利用《西部美食娱乐》在美食方面的影响力,公交传媒《家居建材》通过公交车渠道宣传家具建材

---

① 《陕西省广告产业存在问题及发展前景》,《今传媒》2008年第3期。

类商家。但是,随着智能手机的普及,4G网络的全面覆盖,中高端消费群体阅读从单向的纸质阅读向手机阅读迁移,DM广告生存空间日益逼仄。2012年之后,陕西广告市场上陆续有DM媒体因广告收入锐减被迫停刊。现如今,虽然《品位》等少数DM媒体仍在运营,但要么转型,要么苦苦支撑,DM广告的黄金时代已不复存在。作为小众媒体广告,陕西的DM广告来也匆匆,去也匆匆,诞生、发展、衰败不到十年光景,这是受众阅读习惯改变之下不可逆转的结果,也是网络技术、移动新产品普及的连带受损者。

七 新媒体广告联盟

新媒体的崛起带动了陕西省以新媒体、自媒体名义命名的联盟组织蓬勃发展。例如,由陕西传媒网发起的百余家广告公司加入的陕西新媒体广告联盟;由陕西卫视新媒体、陕西交通广播FM 91.6新媒体、陕西汽车广播FM 89.6新媒体发起的西北新媒体联盟/陕西微信媒体联盟;陕西20所高校的62家新媒体社团组成的陕西高校新媒体联盟;高新区官方、西部网发起的西安高新区互联网产业联盟;以微博达人和各网站论坛版主为主的陕西新媒体达人汇。陕西新媒体广告联盟和西北新媒体联盟声势较大,陕西新媒体广告联盟声称将共享陕西传媒网提供的手机App、出租车LED滚动屏幕、视频广告宣传片、嘉宾访谈节目以及新闻专题宣传的平台资源,进行全媒体多平台整合传播;西北新媒体联盟声称是西北地区最大的自媒体联盟组织和社会化营销平台。陕西新媒体联盟看似繁荣,但在促进广告产业发展方面所起的作用仍需进一步观察。

第四节 陕西广告产业面临的问题

一 产业总体实力较弱

(一)区域发展不平衡

我国经济存在严重的二元经济结构现象,陕西广告产业和全国也类似,更趋向于经济发达地区。总体而言,陕西广告产业呈现中心发展较快、周边发展缓慢、西快东慢、北快南慢的阶梯化发展趋势。2006年西安市、宝鸡市、咸阳市、渭南市、汉中市五市占全省广告经营额的95.35%,省会西安广告经营额近27亿元,[①] 占全省总额的八成以上。除咸阳市有三百余户从事广告经营外,其他地市只有百余户广告企业,铜川、安康、杨凌、延安几个地市则更少。近些年这一情况有所改观,根据2014年最新数据,西安广告年经营额占全省广告营业额的比例由80%降至40%,广告从业人员占全省广告从业人员比例由90%降至60%。[②] 但西安仍在陕西广告产业格局中位居核心地位,延安、榆林等地区的GDP贡献率与广告经营额极不匹配,陕西广告产业区域发展不平衡问题依然突出。

(二)与产业发达地区差距悬殊

2014年中国广告经营总额5605.6亿元,其中北京一地有广告经营单位28823家,实现广告经营额1921亿元。而2014年陕西省广告产业经营额占全国广告营业额的比例微乎其微,仅为1.7%,广告经营户数约为北京的1/5,上海的1/20。[③] 陕西广告业排名虽然位居全国第12名,但与前几位产业发达地区的差距非常巨大。

表3　　　　　　　　　　2014年各省市自治区广告经营额[④]　　　　　　单位:万元

地区	2014年各省市自治区广告经营额	地区	2014年各省市自治区广告经营额
北京	19218404.56	湖北	1248262.88
天津	2173803.49	湖南	1764002.26
河北	57395.27	广东	6885455.29
山西	350828.96	广西	237312.16
内蒙古	214589.31	海南	64072.34

---

① 《陕西省广告产业存在问题及发展前景》,《今传媒》2008年第3期。
② 轩辕杨子:《我市广告产业年经营额突破50亿元》,《西安日报》2015年10月25日第1版。
③ 范鲁彬:《中国广告30年全数据》,中国市场出版社2009年版,第280页。
④ 崔保国:《中国传媒产业发展报告2015》,社会科学文献出版社2015年版,第288页。

续表

地区	2014年各省市自治区广告经营额	地区	2014年各省市自治区广告经营额
辽宁	987867.87	重庆	642167.55
吉林	391094.16	四川	1167277.29
黑龙江	485589.00	贵州	28868.20
上海	4636489.00	云南	367835.70
江苏	4241329.94	西藏	29136.79
浙江	3154642.56	陕西	124645.70
安徽	118908.92	甘肃	26234.18
福建	1585591.00	青海	73058.12
江西	371160.19	宁夏	32225.40
山东	2828396.07	新疆	237338.18
河南	1312049.98		

二 广告公司相对弱小

（一）陕西广告公司营业额偏低

中国广告产业一直处于高度分散与高度弱小的低集中度状态，陕西广告产业更是如此。根据美国哈佛大学贝恩教授对产业垄断和竞争类型的分类，陕西广告产业属于一种完全竞争的原子型市场结构，5000家广告公司多为十几人、几十人的中小型公司，甚至还存在着只有数人的微型公司。数据显示，2014年陕西广告公司平均人数16人/户，人均广告经营额15.6万元，人均广告经营额刚超过全国2006年15.2万元的平均水平；从户均营业额来看，陕西广告公司户均营业额250万元，[1] 营业额突破亿元者寥寥无几。对比中国广告企业营业额前100名企业，2013年非媒体服务类营业额最高81.83亿元，最低8032万元，平均1.5亿元，媒体服务类营业额最高134亿元，最低9053万元，平均3亿—4亿元。[2]

---

[1] 《中国广告年鉴》编辑部：《中国广告年鉴（2015）》，新华出版社2015年版，第49页。
[2] 中国广告协会：《2013年中国广告企业广告营业额前100名》，2015年2月6日，中商情报网（http://www.askci.com/data/2015/02/06/171030ytka.shtml）。

人均营业额、户均营业额双低，反映出陕西省广告公司经营较差的现实。尚处于粗放式增长状态下的陕西广告产业，亟须通过产业整合以实现规模效应。

(二) 陕西广告公司在全国排序中靠后

在全国广告经营单位中，陕西广告公司排序也比较靠后。根据中国广告协会发布的"2014年度中国广告单位营业额前100名"，陕西有四家广告媒介单位实力较强，分别是陕西广播电视台广告中心（排名19）、华商报社（排名47）、西安电视广告中心（排名93）、陕西日报社广告中心（排名95）。同时，陕西共有三家媒体代理类公司上榜，分别是沙龙传媒有限公司（排名81）、陕西瑞翔广告装饰有限责任公司（排名82）、陕西巨象广告有限责任公司（排名92）。这几家主营户外业务的广告公司，已是连续数年登上中国广告企业广告媒体服务类全国百强榜。在最能体现广告的创意产业属性，代表广告公司创意策划综合实力的"中国广告企业（非媒体服务类）广告营业额前100名"排行榜中，只有陕西西部传媒有限公司（排名59）和陕西三人行传媒网络科技股份有限公司（排名77）两家从事品牌营销传播、广告制作的公司，在2014年进入全国排名前100名。2014年之前陕西广告公司的成绩更是乏善可陈：2010年仅有陕西典汇传播咨询有限公司一家公司上榜（排名69），2011—2013年连续三年无一上榜。最关键的是，很多没有媒体资源优势的公司未能找准自身的核心定位，盲目拓展业务，有的大而全，有的小而全，业务过度多元化，导致陕西广告公司的策划能力、品牌推广能力普遍较弱。

表4　　2001—2008年度中国广告企业广告营业收入前100名
陕西本土广告公司名单

年度	排名	额度（万元）	单位全称
2001	80	1115	西安高新区艾特广告公司

续表

年度	排名	额度（万元）	单位全称
2002	25	4848	西安美灵广告有限公司
	45	2981	西安沙龙广告装饰有限公司
	52	2600	西安麦道广告有限公司
	88	1585	西安市振兴公交广告有限责任公司
2003	45	3644	西安美灵广告有限公司
	54	3200	西安沙龙广告装饰有限公司
	100	1893	西安市振兴公交广告有限公司
2004	58	3310	西安沙龙广告装饰有限公司
2005	38	5600	西安麦道广告有限公司
	64	3620	西安沙龙广告装饰有限公司
	78	2757	西安市振兴公交广告有限责任公司
	88	2451	西安美灵广告有限公司
2006	73	4810	西安沙龙广告装饰有限公司
	99	3582	西安市振兴公交广告有限责任公司
2007	46	7047	西部机场集团广告传媒（西安）有限公司
	57	5879	西安沙龙广告装饰有限公司
	76	4607	西安市振兴公交广告有限责任公司
2008	34	7680	西安沙龙广告装饰公司
	89	3807	西安市振兴公交广告公司

表5　2001—2014年度中国广告企业广告营业额前100名
陕西本土广告公司名单

年度	类别	排名	额度（万元）	单位全称
2001		64	7000	陕西巨象广告有限公司
		83	5640	西安元中广告有限公司
2002		55	7800	西安麦道广告有限公司
		60	7299	陕西巨象广告有限公司
		3	6350	西安元中广告有限公司
		76	5942	西安美灵广告有限公司

续表

年度	类别	排名	额度（万元）	单位全称
2003		81	6954	陕西巨象广告有限公司
		84	6804	西安元中广告有限公司
		89	6500	西安麦道广告有限公司
		90	6444	西安美灵广告有限公司
2005		72	9036	陕西巨象广告有限公司
		83	7800	西安麦道广告有限公司
2007		83	9910	陕西巨象广告有限公司
2009	媒体服务类	52	8900	西安沙龙广告装饰有限公司
	非媒体服务类	48	7555	陕西典汇传播咨询公司
2010	媒体服务类	62	12263	西部机场集团广告传媒（西安）有限公司
		68	10800	陕西沙龙传媒有限公司
		71	10113	陕西瑞翔广告装饰有限责任公司
		91	8241	西安市振兴公交广告有限责任公司
	非媒体服务类	69	7400	陕西典汇传播咨询有限公司
2011	媒体服务类	52	17903	陕西巨象广告有限责任公司
		58	15517	西部机场集团广告传媒（西安）有限公司
		63	14800	陕西沙龙传媒有限公司
		79	12651	陕西瑞翔广告装饰有限责任公司
		84	10500	西安市振兴公交广告有限责任公司
2012	媒体服务类	71	18160	西部机场集团广告传媒（西安）有限公司
		82	15093	陕西沙龙传媒有限公司
		94	12893	陕西瑞翔广告装饰有限责任公司
		100	11318	西安市振兴公交广告有限责任公司
2013	媒体服务类	63	24305	西部机场集团广告传媒（西安）有限公司

续表

年度	类别	排名	额度（万元）	单位全称
2014	媒体服务类	81	13800	陕西沙龙传媒有限公司
		82	13560	陕西瑞翔广告装饰有限责任公司
		92	10017	陕西巨象广告有限责任公司
	非媒体服务类	59	13560	陕西西部广告传媒有限公司
		77	10644	西安三人行传媒网络科技股份有限公司

注：以上表格数据来自中国广告协会年度发布的"中国广告企业广告营业收入前100名""中国广告经营单位营业额前100名"。从2009年开始，广告营业额细分为媒体服务类和非媒体服务类两项。媒体服务类是指为媒体提供代理、销售、品牌运营以及为广告主提供媒体策划、媒体广告资源购买等专项服务的广告企业（例如，电视、平面、户外、网络等媒体的销售、代理公司，媒体广告资源策划购买公司等）。非媒体服务类指主要从事品牌营销传播、广告设计制作、专项策划执行等服务，而非媒体广告销售/代理/策划/购买的广告企业。广告营业额是指从事广告策划、设计、制作、发布代理业务以及其他与广告有关的业务活动的全部实际收入（以给客户开出的发票数额为准）。

三 广告结构不合理

陕西省和其他广告不发达地区在广告结构方面有一个共同点：医疗广告、教育广告、房地产广告盛行，品牌广告较少。虽然在前文中笔者已经论述过，2005年左右医疗行业整体不景气，医疗广告市场相应萎缩，但近年来陕西一批本地民营医院快速扩张使得医疗广告仍占据陕西广告市场主要份额。它们采用"脑白金"式的广告轰炸模式，诸如陕西不孕不育研究所、陕西省皮肤性病研究所、陕西生殖医学医院广告在各个电视台"满天飞"。2007年曾有学者作过统计：在总计492分钟广告时间里，陕西新闻综合频道播出招生类广告89条，医疗保健品广告119条，占广告总量的72%；宝鸡新闻综合频道播出的招生、医疗保健品广告占广告量的92%；[1] 甚至有的医疗保健品广告以专家热线与患者现场证言的形式播放时间长达半个小时。以至于很多网友在百度的"陕西电视台"贴吧、"华商论坛"吐槽："强烈建议陕

---

[1] 仵军智：《电视广告传播失范调查——以陕西地方电视台为例》，《新闻爱好者》2008年第10期。

西电视台更名为陕西医疗广告台""电视剧播出没一会儿广告就开始了,给人感觉是在医疗广告中插播电视剧"。出现这种现象和陕西省乃至西部地区的广告生态环境有关,本应成为陕西广告产业主体力量的品牌广告主稀缺,其他行业广告主广告投放经费又有限,广播电视媒体只能用大量的医疗健康类广告填充时段。当然,陕西广播电视媒体没有品牌节目,收视率偏低也是另一重要原因。以 2016 年 35 城(省会+直辖+单列市)卫视收视率为例,陕西卫视收视率 0.031%,位列第 27 名,是前三名上海东方卫视、浙江卫视、湖南卫视收视率的 1/10,是第 10 位的湖北卫视的 1/4[1],收视率仅高于内蒙古、青海、西藏这些偏远地区。收视率偏低,则广告吸纳能力就差。这一情况历经多年未能取得较大改善。2015 年陕西省广播电视台医药广告收入超过该台全年广告收入的 1/3,国家工商总局通报的 10 个违规广告中,陕西省广播电视台就占了 3 个。当新修订的《广告法》对保健食品广告播放内容作出具体要求后,陕西省广播电视台每天有 27 个小时的广播时长没有内容可供播出。[2]

---

[1] 《35 城 2016 年省级卫视全体收视率排名》,2017 年 1 月 19 日,搜狐网(http://www.sohu.com/a/124726446_472894)。

[2] 董维娅:《陕西广播电视台广告经营管理商业模式优化研究》,硕士学位论文,西北大学,2015 年,第 37 页。

第三章 机遇与挑战:陕西本土广告公司竞争力分析

经过数十年的发展,本土广告公司已成长为陕西广告产业的中坚力量。可以说,本土广告公司市场竞争力关乎陕西广告产业的整体发展,是陕西广告产业实现后发赶超的关键所在。本章以问卷调研的方式具体了解陕西本土广告公司的经营方式,并结合SWOT分析法,对陕西本土广告公司未来的发展路径进行了深入分析。

第一节 陕西本土广告公司经营现状调查

为全面了解陕西本土广告公司的生存现状,笔者于2015年3—5月采用问卷调查法、深度访谈法,对陕西本土广告公司进行了调研。在陕西各地中,省会西安经济态势蓬勃向上,产业环境良好,对人才吸纳力较高,因此西安本土广告公司实力最强,业务类型多样,颇具典型性,笔者选择西安本土广告公司为调研对象,以"滚雪球"的方式进行网络问卷调查(一个公司为一个样本),问卷调查涉及不到的问题,利用微信访谈、电话访谈补充。共回收样本186个,有效样本178个。被访者年龄在20—30岁的124人,30—40岁的48人,40岁以上人4人;被访者所在公司规模100人以上与20人以下比例最高,分别占39.33%和26.97%;15.73%的被访者公司规模在20—50人之间,17.98%

的被访者公司规模在50—100人之间。以下为调研数据和结论。

一 调研数据分析

（一）营业额

2014年陕西本土广告公司营业额呈橄榄状分布，大部分营业额集中在500万—1000万元（21.35%）和1000万—5000万元（33.71%），营业额在5000万元以上、具有一定规模的公司和营业额在百万元之内的小作坊性质的公司所占比例较小，各占11.24%。可见，陕西本土广告公司已摆脱了产业初级阶段以中小企业为主，营业水平整体较低的状态。进一步来看，53.93%的被访者所在公司近五年营业额呈增长态势，20.22%持平，13.48%呈下降趋势，另外尚有12.37%的被访者说不清楚营业额情况。究其原因，主要是由于经济下滑导致客户压缩开支（75%），其次分别为客户流失（8.33%）、人才流失（8.33%）、决策者决策失误（8.33%）。因资金不足、媒体多元化冲击、广告资源匮乏导致营业额下降的情况尚未出现。

（二）业务范围

根据菲利普·科特勒对产品的界定，产品由使用性、服务性、创意性三方面构成。作为一个创意性与服务性兼具的广告行业，所提供的产品既包括创意，也包括创意性服务。当前，陕西本土广告公司业务范畴已有从策划、创意、设计等传统领域向公关、咨询等上下游产业链拓展的趋势。

1. 主营业务仍以广告代理、创意设计为主。本次调研将本土广告公司主营业务分成综合服务类、设计制作类、广告代理类、广告相关类（以品牌管理、营销策划、企业形象设计为主），非广告业务类（装修、布展、商贸）五个类型。陕西本土广告公司业务以广告代理、广告设计创意为主，注重策划执行、新媒体业务与综合服务，咨询服务、活动公关等业务所占比重小。其中广告代理业务、创意设计类业务各占49.44%，新媒体开发运营类占38.20%，策划执行类占39.33%，综合服务类占33.71%（多选题）。

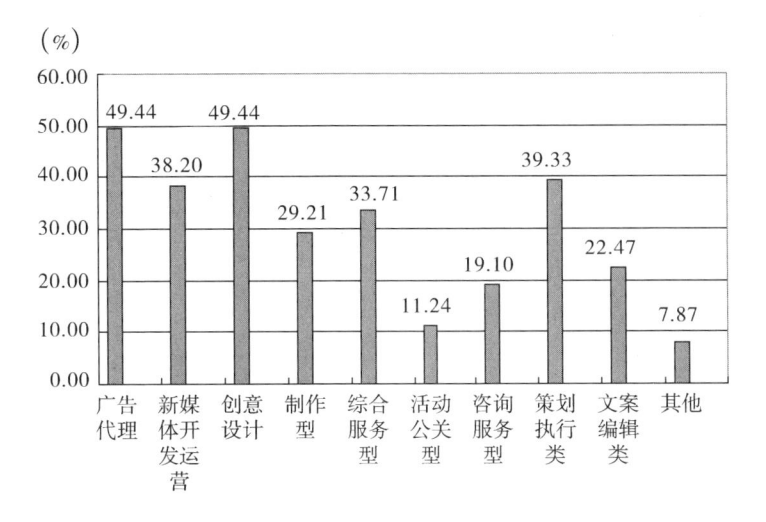

图 4　陕西本土广告公司主要业务

数据：广告代理 49.44；新媒体开发运营 38.20；创意设计 49.44；制作型 29.21；综合服务型 33.71；活动公关型 11.24；咨询服务型 19.10；策划执行类 39.33；文案编辑类 22.47；其他 7.87。

2. 媒体投放形式多样，影视媒体使用度偏低。大众传播时代，鉴于大众传媒强大的传播效果，广告主媒体投放较为依赖传统媒体，广告公司则普遍以媒介代理业务起家。移动互联网的迅猛发展拓展了广告定义的内涵和外延，传统意义的广告定义开始出现泛化，陕西本土广告公司的媒体投放更加多元，平面媒体、网络媒体，手机媒体和户外媒体，影视媒体因投放成本居高不下，使用度较低。由于客户主要是陕西省内客户，因此媒体投放偏重省级（42.70%）、市县级（38.20%）媒体，使用全国性的媒体仅占19.10%。

3. 新媒体备受关注，创新性有待增强。数字媒体深刻改变了消费者的媒介接触点和消费行为模式，越来越多的广告公司寻求通过数字媒体平台与消费者进行沟通。手机端、微信端、移动视频等业务成为陕西本土广告公司业务的新兴增长点。已有73%的被访者公司开展了新媒体业务，且普遍认可新媒体为公司带来的机会：30.77%的被访者认为新媒体为公司"带来新的客户资源"；21.54%的被访者认为新媒体为公司的广告传播"提供更精准广阔的渠道"；20%的被访者认为新媒体"有利于公司转型升级"。在未来投资力度方面，37.50%的被访者认为公司一定会加大新媒体方向的投入，43.18%的被访者认为公司可能会加大投入。西安一些大型本土广告公司，如智讯营销策划公司已直接定位于互动营销，业务涉及互动创意设计、网络整合营销、社会化媒体公关、智能景区服务，并自主开发了地产销售平台"带客通"。但与广告产业发达地区相比，陕西本土广告公司新媒体业务创新性不足，形式有待进一步深化。在已开展新媒体业务的公司中，高达73.85%的公司开展了微信运营业务，微博、H5、网络广告、App开发等业务次之，微视、微电影业务较少（见图5）。缺乏新媒体人才、新媒体技术不易掌握和公司领导者不重视成为制约陕西本土广告公司新媒体投入的主要原因。

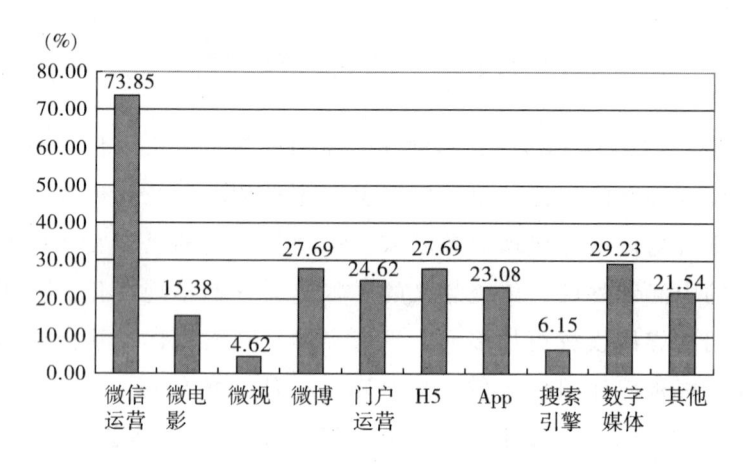

图5 陕西本土广告公司主要新媒体业务

（三）客户关系管理

客户关系管理包括客户开发与选择、客户维系两个方面，是广告公司经营管理的重要构成，也是形成和确保广告公司核心竞争力的关键。[①] 由于广告公司在实现客户广告诉求能力方面不确定性较高，客

---

① 廖秉宜：《中国本土广告公司核心竞争力的消解与建构》，《商业研究》2013年第9期。

户选择风险较大,陕西本土广告公司的客户开发、维系,呈现出以长期合作的老客户为主的典型特征。

1. 客户开发与选择

陕西本土广告公司客户来源依次为朋友介绍、自身品牌、业务员公关,广告产业常用的比稿形式位居第四。客户主要来自省内,陕西周边地区客户为39.33%,国内其他地区为34.83%,但西安本地客户比重不足,仅占25.84%。这是因为一部分本地大客户对陕西本土广告公司专业水平持怀疑态度,选择与一线城市广告公司合作。客户类型(多选题)则以地产行业(74.16%)和旅游餐饮类行业(38.20%)为主(见图6)。

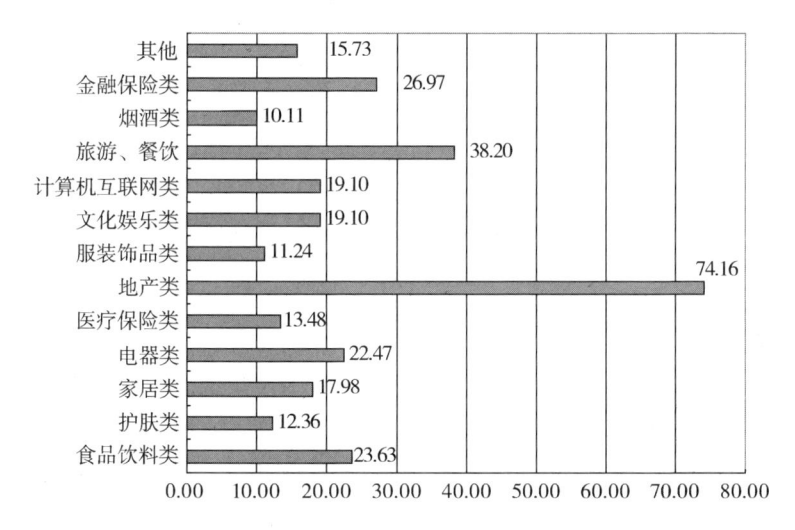

客户类型	百分比(%)
其他	15.73
金融保险类	26.97
烟酒类	10.11
旅游、餐饮	38.20
计算机互联网类	19.10
文化娱乐类	19.10
服装饰品类	11.24
地产类	74.16
医疗保险类	13.48
电器类	22.47
家居类	17.98
护肤类	12.36
食品饮料类	23.63

图6 陕西本土广告公司客户类型(%)

2. 客户关系维系

陕西本土广告公司与客户的关系较稳定,长期合作和项目制是主流,多种收费方式并行。71.91%的广告公司与客户采取长期合作方式,21.35%的广告公司会选择按业务需要不定期合作。按项目服务费收取的公司占40.45%,按年(月)收取的占39.33%,按销售提成和代理费方式收取的公司各占10.11%(见图7)。来自中国传媒大学广告主研究所的数据也印证了这一点。2013年，在其调研的100多家广告公司中，项目费、代理费、按年或月收的服务费是最主要的收费方式，但是陕西本土广告公司按项目服务费、代理费收取费用的比例要远低于一线城市广告公司的71.5%和55.6%。

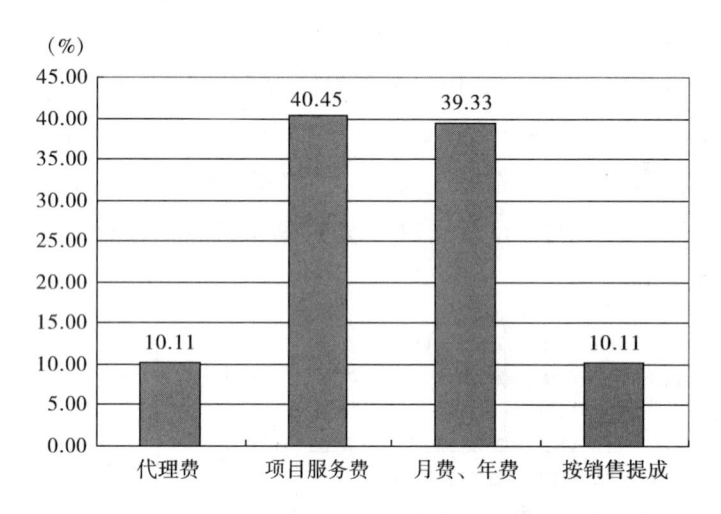

图7 陕西本土广告公司核心收费方式

（四）人力资源管理

人力资本是知识的载体和技术应用者，构成了广告产业的核心资源和重要发展要素，是决定广告公司生存和发展的核心资本。[①] 作为创意型组织的广告公司，其竞争力的强弱取决于是否拥有策划创意、营销传播领域突出的专业人才。人力资源管理的核心就是人才的选拔、培养和激励机制。陕西本土广告公司十分重视人才选拔，然而在为员工提供与其能力、工作强度匹配的薪资，个人发展空间，提供学习机会等人才培养激励机制方面投入不足。

1. 员工构成。陕西高校广告教育的快速发展带动了专业人才在广

[①] 姚曦、韩文静：《再论广告产业发展要素》，《湖北大学学报》（哲学社会科学版）2016年第3期。

告公司所占比例的明显提升。69.66%的被访者公司员工学历以本科学历为主；大专次之（28.09%）；高中及以下学历者仅为2.25%。但陕西本土广告公司的人才留用情况并不理想，员工流动性强：在公司工作1年以下者高达40.45%；1—3年者占32.58%；3—5年及5年以上者占27%。

2. 薪酬福利。薪酬是人才激励机制中的重要因素。陕西广告公司平均工资普遍偏低：71.91%的被访者公司的平均薪资处于3500—5000元区间；5000—7000元为10.11%；7000元以上的仅占2.25%。且近一半被访者认为公司待遇一般，对公司的福利待遇满意度不高：非常不满意的占6.74%；比较不满意的占17.98%；认为待遇一般的占44.94%；比较满意的占28.09%；非常满意的只占到2.25%。同时，绝大部分公司未能建立较为完善的涨薪机制，很多员工在本公司加薪较慢，有的甚至几年也未增加，有能力的员工只好通过跳槽来寻求薪酬的提高。

3. 培训情况。人才培养不是一种耗费，而是广告公司决胜未来的战略投资。目前陕西广告公司能够正视人才培养在公司发展中的作用，91%的公司均有培训，偶尔培训的广告公司所占比例最大，为59.55%；经常培训的为31.46%。培训可分为内部培训和外部培训，知名广告公司往往邀请业内资深创意总监、策略总监、学界知名专家定期开展讲座，或为员工报名行业协会、高校举办的培训班。相较而言，陕西广告公司培训方式单一，投入力度弱。例如多选题"公司最常采用的培训形式"，被访者选择内部培训的比例最高，为86.42%，其他依次为同行业之间交流（49.38%）、外聘学者、业界专家（23.46%）、聘请专业培训公司（16.05%）、其他方式（9.88%）。这一现象的出现与西安广告学界研究滞后，未形成与业界良好的交流互动机制有关，但也不排除各个公司压缩培训成本方面的考虑。

4. 人才储备。人才储备不完善是陕西本土广告公司普遍存在的问题：87%的公司没有优化的人才储备机制；23.91%的公司存在人才短

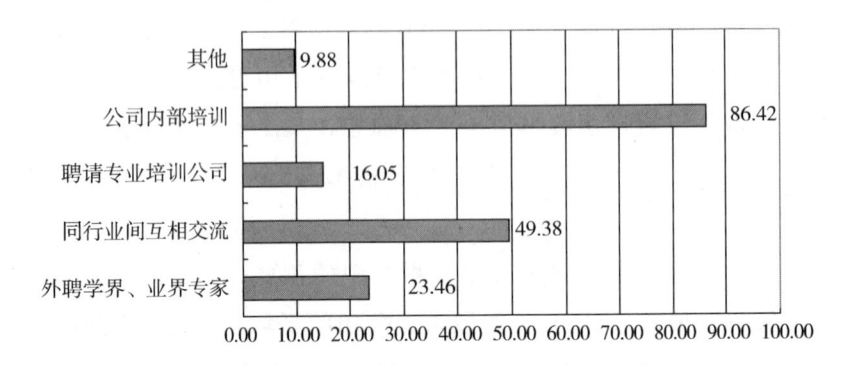

图 8　陕西本土广告公司培训方式（%）

- 其他：9.88
- 公司内部培训：86.42
- 聘请专业培训公司：16.05
- 同行业间互相交流：49.38
- 外聘学界、业界专家：23.46

缺问题，所缺乏的新媒体人才（多选题）按需求程度排列，依次为数据分析处理、新媒体营销策划和社交媒体运营（见图9）。

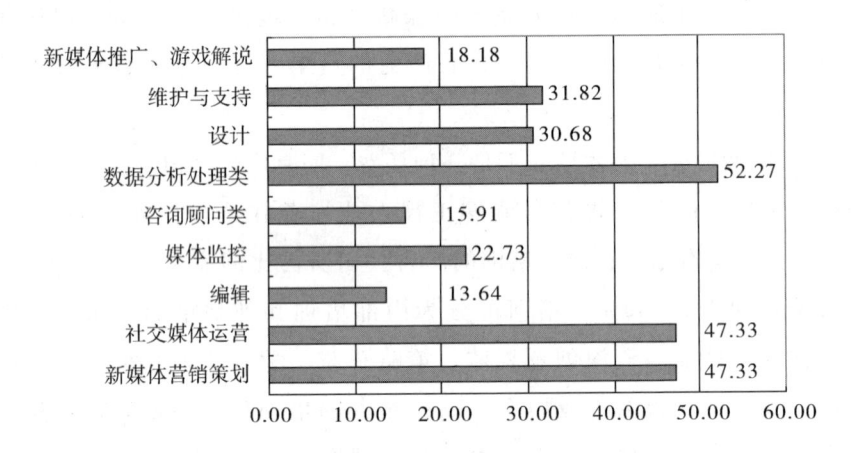

- 新媒体推广、游戏解说：18.18
- 维护与支持：31.82
- 设计：30.68
- 数据分析处理类：52.27
- 咨询顾问类：15.91
- 媒体监控：22.73
- 编辑：13.64
- 社交媒体运营：47.33
- 新媒体营销策划：47.33

图 9　陕西本土广告公司公司缺乏的新媒体人才类型（%）

第二节　陕西代表性本土广告公司分析

陕西本土广告公司现已形成营销策划型、媒介代理型、专业制作型、技术服务型四种类型。本书在主流的营销策划型本土广告公司中选择了三家具有一定知名度与代表性的公司进行深度访谈，包括擅长品牌建设的麦道品牌传播有限公司、以新媒体起家的西安智讯互动营销策划有限公司、专做地产策划的塞尚沟通，以期更深入了解陕西本土广告公司发展模式与困境。

一 综合类：麦道品牌传播有限公司

（一）麦道品牌传播有限公司特色

麦道品牌传播有限公司是元老级的陕西本土广告公司，该公司成立于1994年，曾多次入围"全国百强广告企业"。作为陕西第一梯队的广告公司，现有员工40余人，年营业额2000万元左右，业务范围涉及品牌战略设计、互动营销、互动媒体、映画设计等领域。与其他陕西本土广告公司相比，麦道公司有以下特色：

1. 能够及时根据产业环境转型升级。在麦道公司发展的20余年中，转型这一关键词贯穿始终。初创期，麦道公司主营市场调研和媒介代理。1998年由"西安麦道市场调研公司"更名为"西安麦道广告有限公司"，向整合营销传播转型，陕霸、米旗等本土品牌上市策划的成功标志着麦道完成了综合型代理公司的基本改造。2005年后，随着广告行业媒介代理业务逐渐式微，公司将重心放在品牌塑造方面，2007年更名为麦道品牌传播有限公司。自2010年以来，定位为综合型营销顾问公司，提供品牌/产品战略设计、数字营销、媒体产品设计和运营，并推出面向小微企业的"M+快设计"；同时积极地探索电子商务及实业业务，创办地域垂直电商"麦家生活馆"（现已停止运营）和陕西花田酒业公司。

2. 核心竞争力突出，品牌传播经验丰富。虽然麦道公司以市场调研和媒介代理业务起家，但其核心业务却是能凸显广告公司创意产业属性的品牌建设和营销推广，是陕西省内极少数能够进行全案制作的本土广告公司之一。麦道公司服务的客户包括陕西移动、西安地铁、米旗月饼、上海大众等各行业龙头企业、大型国企、政府，客户行业多样，结构合理，有良好的政府关系，能够承接大型政府公关策划活动和旅游项目推介活动。

3. 实行"合伙人"制。实行"合伙人"制以前，麦道与其他公司没什么两样，全体员工拿死工资，吃"大锅饭"，员工做多做少一个样，能力强的员工和能力一般的员工一个样，骨干员工忙得团团转，怨声载道，业务能少接一个是一个。公司改为"合伙人"制后，员工自由组合成项目小组，每个项目组相当于一个微型公司，项目利润的20%作为激励绩效工资，根据员工工作量和在该项目中发挥的作用进行分配。这样，普通员工每月能比其他公司同级别员工多20%—30%的收入，合伙人收入更高，极大地调动了员工积极性。

（二）麦道品牌传播有限公司现存问题分析

敏锐的行业洞察力，重要的媒体资源，注重品牌价值与企业文化让麦道公司历经风雨而屹立不倒。但全面综合类的营销策划公司在陕西较少，如麦道公司这般实力强的更少。麦道公司集结了陕西最为优秀的一批广告人才，长期在陕西地区处于难觅对手的境地，缺乏竞争和交流，极大地限制了公司发展。自2002年、2003年、2005年先后三次入围"中国广告企业广告营业额前100名"榜单后，麦道公司便再难上榜。可见，虽然麦道公司在陕西仍处于领先地位，但却被其他地区的广告公司逐步赶超。

麦道公司在新媒体业务方面缺乏战略性眼光，新媒体业务发展较慢。2014年，当H5广告风靡一线城市广告业的时候，麦道公司尚不知H5为何物。而且在其前几年的规划中，新媒体一直不是其重点发展的方向。虽然麦道公司现在围绕新媒体开拓了一系列业务，但却无法独立完成一个完整的新媒体传播方案策划，涉及新媒体技术的问题都外包给科技公司解决。所谓的数字化品牌传播也不过是"新瓶装旧酒"，将以前品牌传播、CI设计之类的业务重新包装，在新媒体广告人才、技术和创意思维方面没有实质性的突破。

二 新媒体类：西安智讯互动营销策划有限公司

（一）西安智讯互动营销策划有限公司概况

互联网广告模式的快速发展，使互动营销成为广告传播的重要部分，这片新蓝海吸引了一些先知先觉的广告公司进入。2011年，西安智讯互动营销策划有限公司成立，率先将公司定位为互动营销代理商，旨在为客户提供全面的互联网化解决方案。经过多年发展，智讯互动已成为西北互动营销领域的领先者，业务涵盖互动创意设计、网络互动整合营销、社会化媒体推广等板块，拥有员工120人，年营业额保持在两三千万元。

智讯互动创建初期，服务的主要是旅游业、文化演出业，如今以地产领域为主，外地客户居多，万科集团是智讯的重要合作伙伴。随着业务的不断推广，智讯逐步将版图扩展到其他省市，先后在广州、成都与当地公司合作成立分公司。智讯还曾和西安地产广告公司——塞尚沟通合作，成立了名为"塞尚智讯"的分公司，双方各出一部分员工，整合塞尚沟通在地产广告方面的优势和智讯的线上优势，可惜这一合作仅维持两年便因利益原因终止。

（二）西安智讯互动的技术优势

作为一家新媒体广告公司，技术是智讯互动的优势。新媒体广告公司常需要在游戏中植入品牌元素，或者在手机程序中进行品牌推广，这就涉及计算机领域的专业知识。国内的广告公司一般遇到这种情况时，通常有两种做法。第一种是如前文麦道广告的做法，构思好创意将技术外包给其他科技公司来做。这种做法的好处显而易见，公司架构较轻，不用出资雇用薪资不菲的计算机专业的员工。其弊端在于科技公司的员工缺少创意思维，未必能够准确把握策划人员的意图，将广告构思保质保量地还原；第二种便是效仿行业领先的新媒体广告公司，吸收具有计算机背景的技术人员加入公司。对于一家定位于互动营销的公司而言，第二种做法短期耗资巨大，但从长远来看，更有利于公司发展。智讯互动选择了第二条道路，设立了产品经理岗位和技术岗位，成为陕西第一家雇用计算机专业员工的广告公司。这些人员不仅从事新媒体广告的技术呈现，还研发了地产销售平台"带客通"，能够查看房地产客户转化率、老带新情况、项目进度，开发商可实现移动端的售卖特价房、商铺、车位和旅游度假产品，通过优惠券提前锁定意向客户。每年每个使用"带客通"的开发商缴纳三四十万元的费用，仅"带客通"一项就为智讯带来数百万的盈利。近年来，智讯互动逐渐向多元化发展。一方面，将一部分技术人员剥离，成立智讯科技有限公司，专门进行网络游戏SCRM等领域的技术研发，并逐步加强母公司的技术力量，招聘二维、三维动画师、UI设计师交互设计师、Web前端工程师；另一方面，成立智迅影视公司，进行互联网内容影视制作。

（三）西安智讯互动未来发展方向

由于陕西大量传统企业有线上营销的需求，如智讯互动类的新媒体公司在陕西发展前景良好。当前，随着智讯互动一部分员工另起炉灶自行创业，以及一些没有媒介资源、资金实力不强的中小型广告公司进入这一领域，市场上各种以某某互动命名的公司一下子冒出许多家，与智讯互动形成了一定的竞争关系。智讯互动应在微博、微信推广，H5广告制作的基础上，进一步强化新媒体传播优势，方能保持行业领先地位。

三 专业地产策划类：塞尚沟通

（一）塞尚沟通发展历程

专业地产策划类公司是中国房地产产业高速发展的衍生物。深圳、广州等地都有一批在地产广告领域精耕细作的广告公司，且已向全国拓展，在二线城市成立分公司。2006年成立至今，塞尚沟通致力于房地产领域的品牌战略、公关行动、创意执行，下设塞尚沟通（郑州）、塞尚沟通（乌鲁木齐）、惠丰智库（地产销售）、生活方式（新媒体运营推广）、翻身力士（活动策划执行）、阿拉莫斯（复合型书店、书籍、餐饮、文化活动）等多个子公司。西安总部现有员工90人，郑州、乌鲁木齐分公司各有20余人，生活方式新媒体公司有员工30余人。公司架构采用项目小组作业法，创意总监统领文案人员、策划人员、设计人员共同完成项目。收费模式为月付费模式。

（二）塞尚沟通的专业优势

这几年陕西房地产广告主在选择广告公司时，常采用比稿形式，塞尚沟通在与北京、上海的广告公司比稿中经常胜出，显示了本土地产广告公司较高的专业水平。令塞尚沟通声名鹊起的当属2011年塞尚沟通为万科创作的以年轻人为目标人群的小户型房产广告（见图10）。2011年9月19日，塞尚沟通启动"微博·万科范"营销推广，主题是"城市十分刻薄，要努力幸福""爱情十分刻薄，要努力幸福"，短短三天之内，微博转发数量过万条，迅速引发地产圈热议，甚至有业内人士将该策划案誉为中国地产微博营销经典案例。相比陕西市场上大量诉求点集中在产品、户型、价格等物理属性方面的地产广告，塞尚沟通的"万科范"广告令人耳目一新，以"ESP"（情感销售说辞）超越房子的物理属性，上升到消费者情感的高度，从情感层面挖掘商品与消费品的连接点，赋予产品的价值和情感，诉诸购买产品带来的独特消费体验和独特的消费者形象。[①]

图10 塞尚沟通为万科所做《万科范》广告

---

① 余商超：《从USP到ESP：重庆地产广告的诉求转向》，《新闻爱好者》2009年第8期。

(三) 塞尚沟通的隐忧

塞尚沟通无疑是当前陕西广告公司精准定位的典范。然而地产类营销策划公司发展面临两个问题。首先，地产市场日益惨烈的竞争和互联网营销方式的全面渗入，都将地产广告节奏从品牌预热、形象导入、开盘销售的漫长过程直接压缩为形象导入、项目价值传播、销售推广同步进行。这就要求广告公司不仅能为开发商提供常规的广告文案和策划创意，而且要统筹兼顾，贯穿整个营销活动的上下游，提供囊括活动策划与落地执行、新媒体传播、目标客户开发与维系、行销渠道等一揽子解决方案。塞尚沟通虽然有新媒体子公司，但更擅长传统媒体推广，这是特色，某种意义上也是劣势。其次，塞尚沟通发展较快的十年，适逢陕西房地产业高速发展，一旦房地产市场从"黄金时代"进入"白银时代"或出现大幅衰退，高度依附于地产业的地产策划类广告公司必然会出现业务额缩减，对于专注于地产类的塞尚沟通而言，探求业务的多元化发展应成为未来公司战略规划的重心。

第三节　陕西本土广告公司竞争力 SWOT 分析

SWOT 分析即企业竞争态势分析法，通过对企业内部、外部各方面条件综合概括，找出企业的优势、劣势及核心竞争力之所在，从而将公司的战略与公司内部资源、外部环境有机结合。[①] 以下将运用 SWOT 模型分析陕西本土广告公司的竞争力。

一　陕西本土广告公司优势分析

本土广告公司通常人脉资源较广，运行成本较低，再加上地域优势使其更容易与客户建立起深厚的感情，容易得到广告主的信任，从而建立一种长期的合作关系。陕西本土广告公司的服务对象就呈现出

---

① 熊勇清：《管理学100年》，湖南科学技术出版社2013年版，第249页。

明显的本地化倾向，49.4%的被访者公司拥有长期稳定的本地客户资源，侧重从行业细分领域出发，或者从主要客户某一经营领域进行深入发掘。

与全国性广告公司和其他外来广告公司相比，陕西本土广告公司还具有一种先天优势：贴近本地消费者，即空间的贴近与受众心理、文化的贴近。本土广告公司更加熟悉当地的媒介环境，与当地媒体长期密切合作，又能够比竞争对手获得更加有利的媒体资源；本土广告公司凭借对本地市场的多年经验积累，对消费者的情感偏好、消费心理有着更为直观确切的了解，能将众多本土文化融入创意中，在制定贴近市场的广告策略及营销策略方面更具优势。近两年陕西本土广告公司创作的方言版广告佳作频出。西安拾壹数字为配合青岛啤酒9度产品"喊个9度来买单"的整合推广活动，抛出互动话题"啤葩说"：你心中的9度套餐是什么？并以"日料法餐 再扎势（zà shì），扯面+9度最老陕""陕西夏天有三宝：9度、伙计、带烧烤（见图11）"等本地化的文案以及古今混搭的人物形象，淋漓尽致地表现了最具陕西特色的美食文化。

图11 青岛啤酒9度平面广告

二 陕西本土广告公司劣势分析

(一) 本地广告企业广告量小，缺乏优质广告主

广告产业是一个依附性极强的产业，从诞生之日起就是为商业服务并伴随着商业繁荣而发展，高度依赖地区经济发展水平和形态。"广告产业从来就不是独立存在的产业，广告产业发展的基础是市场，有什么样的消费市场和广告主，就有什么样的广告产业。"[1] 因此广告产业较兴盛的地区，往往拥有较多的实业型优质客户和知名品牌。例如深圳在短短二十年时间里便造就了飞亚达手表、太太口服液、康佳彩电、喜之郎果冻、三九胃泰等全国知名的品牌，也带动了深圳地区广告市场的繁荣。而这恰恰是陕西的短板。自20世纪90年代中期后，"505"神功元气袋、黄河电视、长岭冰箱、彩虹电视、太阳锅巴等一大批在消费者心中具有一定知名度的品牌相继凋零；开米洗衣液、杨森制药这些传统知名品牌也风光不再。现如今，陕西省以高新技术产业、能源化工业、国防科技工业、旅游业、制造业为主体的产业结构中，除旅游产业外，其他都处在产业中上游，不需要面对普通消费者进行广告传播，而有广告传播需求的陕西本地广告主普遍资金少，实力差，导致外地产品广告投放额占据支撑陕西广告经营总额的产品类广告的绝大部分，其中IT、手机、汽车、药品、食品饮料、酒类、化妆品等占广告总量绝对份额的广告大都由上海、广东、江苏、四川、浙江等地的广告主投放。[2] 另外，优质广告主不仅需要有较强的公司实力和品牌知名度，也需要具有专业的传播素养。很多陕西广告主缺少为智慧付费的意识和广告基本常识，广告公司员工不得不将大量的精力用来为其进行专业知识的普及讲解，而在具体的策划创意中，广告主又显得僵化、保守，稍微大胆的创意或运用互联网语言、略显年

---

[1] 陈刚：《发展广告学的理论框架与影响因素研究》，《广告大观》（理论版）2013年第1期。
[2] 周励：《喜忧参半广告产业》，《西部大开发》2007年第4期。

轻的风格都难以让他们接受。

(二) 缺乏核心竞争力

资源学派理论认为，企业是由一系列不同用途的资源所组成的集合，企业所拥有的资源正是其竞争优势的来源。根据资源价值评估的标准，广告公司的竞争优势——核心竞争力，必须具有不可模仿性、持久性、价值性、稀缺性。陕西本土广告公司从总量看是不少，但规模小，看重短期回报，产品服务集中在创意策划等传统领域，高度同质化，难以形成独特的竞争优势。在这样的情况下，大多数广告公司与广告主之间的关系十分被动，不得不在品牌建设或者市场推广方面迎合广告主，沦为企业的附庸。以本次调研为例，被访者普遍认为技术、创意、品牌等核心竞争力不受公司重视，仅有近一半被访者认为所在公司能找准市场定位。

此外，陕西本土广告公司在技术上投入不多也是导致本土广告公司缺乏核心竞争力的另一原因。新媒体时代广告环境所发生的深刻变化在于，大数据浪潮伴随着移动化、物联网化、自媒体化，创意已不单单停留在广告范畴，还融合了二维码、手机游戏、娱乐互动等诸多新技术，并且从广告创意到实施环节，技术的运用贯穿始终。技术对广告公司业务渗透和改造是全方位的：昌荣传播立足大数据代理百度广告，实力传播开发Touch Points的数据检测系统，奥美广告开发在线口碑营销监测平台OBuzz，并创建亚洲第一家数码实验室……而陕西本土广告公司囿于实力和整体产业环境，基本处于互联网、互动领域的边缘，并没有在新媒体技术领域投入较多资金，除了智讯、麦道等少数公司能够提供数字化广告创意之外，其他公司在大数据挖掘、社会化媒体营销方面缺乏经验，有的甚至以为微信公众平台运营便是数字营销的全部。

(三) 人才匮乏

陕西本土广告公司尚未形成对优秀人才较强的吸引力。整体行业市场不规范，广告主创意、审美、战略思考陈旧，对广告公司的专业及价值认知不足，缺乏为智慧付费的意识以及广告公司薪资待遇偏低，对员工缺少激励机制等诸多因素，致使优秀人才不断外流。20世纪末西安高校培养出陈绍华、韩家英等大批优秀大学生，许多人奔赴南方后，成为业内知名人物，如今的陕西广告专业毕业生也多选择在北京、上海等一线城市就业。最近几年，一线城市广告从业人员出现了一定程度的回流，为陕西广告产业输入了新鲜血液，但与广告产业发达地区相比仍有明显差距。主要表现在：缺乏全国知名的广告策划创意方面的行业领军人物；缺乏中高级管理人才和具有复合知识结构的数字传播人才；从业人员普遍在技术底蕴、知识底蕴、专业深度方面有所不足，创新意识不强，对新技术、新理念的学习能力较差。

三 陕西本土广告公司面临的机会

（一）政策扶持力度加大

数据显示，2015年我国的文化创意产业增加值达18000亿元，所占GDP比重将超过5%。① 文化创意产业的发展空间不断扩大，为本土广告公司创造了良好的外部环境。《广告产业发展"十二五"规划》明确提出，要推动广告创意、策划、设计、制作水平全面提升，形成一批具有国际竞争力、较强创新能力的大型广告骨干企业和专业化程度高、创新能力强的优质中小型广告企业，努力实现由传统广告产业向集约化、专业化、国际化的现代广告产业发展。2014年8月，国家发改委发布了《西部地区鼓励类产业目录》，广告产业名列其中，加之"西部大开发""关中天水经济区""丝绸之路经济带"等一系列发展规划出台，陕西省区域广告政策环境向好。2010年9月陕西省人民政府办公厅制定《关于促进广告产业发展的意见》，提出要放宽广告企业市场准入条件、推进广告企业改组改制以及支持新技术应用、

---

① 前瞻产业研究院：《2014—2018年中国创意产业园区建设行业发展模式与投资战略规划分析报告》，2014年7月13日，前瞻产业研究院（http://bg.qianzhan.com/report/detail/300/140711-dd27be7e.html）。

强化广告产业知识产权保护。2012年陕西首轮获批国家广告产业园，后又积极争取到国家对陕西国家广告产业园的扶持资金6000万元。2014年5月，在习近平总书记提出的连接欧亚、辐射40多个国家、覆盖30多亿人口的"丝绸之路经济带"战略构想基础上，陕西省倡议成立丝绸之路经济带沿线国家和地区广告产业合作发展联盟，国家工商总局也拟出台《关于服务丝绸之路经济带建设、支持西部五省区经济社会发展的若干意见》，大力推动广告"走出去"战略，探索与沿线国家、地区广告互动的有效模式。2015年1月，陕西省发布《关于推进文化创意和设计服务与相关产业融合发展的实施意见》（以下简称《意见》），《意见》指出到2020年要形成文化创意和设计服务及相关产业全方位、深层次、宽领域的融合发展格局，提升文化创意和设计服务增加值占文化产业增加值的比重。西安高新区已将创意产业确定为高新区二次创业的支点，广告策划、数字娱乐、文化艺术、数字传媒领域被列为重点开发对象，高新区每年拿出3000万元资金扶持区内文化创意产业发展。以上种种对繁荣陕西广告产业具有重大现实意义，陕西本土广告公司迎来历史性的发展机遇。

（二）整体广告市场潜力巨大

截至2016年12月，我国网民规模达7.31亿，普及率达到53.2%，中国网民规模已经相当于欧洲人口总量。手机网民占比达95.1%，增长率连续三年超过10%。[1] 电子商务的兴起，不仅使网络媒体由单纯的信息传播平台向集信息传播与营销于一体的整合营销传播平台转变，也刺激了中小企业的广告需求。2013年《中国广告产业影响力指数研究报告》数据显示：近七成中小企业加大了广告投放费用，成为拉动中国广告产业增长的主要动力。[2] 新经济浪潮下西部地区涉农电子商

---

[1] 中国互联网络信息中心（CNNIC）：《第39次中国互联网络发展状况统计报告》，2017年1月22日，中国网信网（http://www.cac.gov.cn/cnnic39/）。

[2] 《中国广告》编辑部：《2013年中国广告产业影响力指数研究报告》，《中国广告》2014年第3期。

务增长率达到25%以上,是全国广告市场中增长最快的区域之一。①"丝绸之路经济带"战略实施后,大批陕西本地和中东部产品向沿线国家、地区销售时,也迫切需要广告公司帮助沟通产销,塑造品牌。陕西广告产业发展空间巨大。

四 陕西本土广告公司面临的威胁

(一)传统服务模式遭遇挑战

云计算、大数据、社交媒体等新技术在整个广告策划、创意、制作和发布流程中的广泛应用,标志着广告产业格局由创意为核心向数字化营销传播战略转型。在过去的传播活动中,广告公司一边连接广告主,一边连接广告媒体,分别向广告主和媒介提供代理服务。而现在,一部分广告主跨过广告公司,高效、便捷地搭建自己的新媒体广告平台,直接与消费者对话:2016年可口可乐公司成立了管理旗下所有品牌社交媒体业务的北美社交中心,百事公司Creators League的创意工作室在纽约开张,制作从音乐专辑到电视剧、电影、真人秀等形式在内的营销内容;国内品牌中,红牛有属于自己的"红牛媒体工作室",北京大悦城在微生活平台上频频发起"你最希望哪家餐厅进驻朝阳大悦城"之类的"微调研"。广告业原有的传播生态系统土崩瓦解,传统服务模式遭遇挑战。

(二)广告公司的数字化转型

受众生活方式、消费观念的转变,导致受众需求多样化,传播内容海量化、碎片化,传播效果很难像在大众传播时代那样易于把控,广告公司加快了数字化转型的步伐。以电视媒介传播为主营业务的"昌荣传播"成立了互动传播子品牌"昌荣互动",收购上海世奇广告公司成立"昌荣精准",专门提供互联网精准营销服务;2013年12月,"蓝色光标

---

① 智研咨询集团:《2012—2016年中国广告行业运营态势与投资战略咨询研究报告》,豆丁网(http://www.docin.com/p-1521784764.html)。

公共关系机构"更名为"蓝色光标数字营销机构",开展包括大数据应用、电子商务、移动互联、视频业务在内的数字化战略;平成广告公司将业务划分为消费者认知研究、视频、数字大本营和电子商务四大板块……可以说,在数字技术推动下,广告产业进入技术要素驱动时代,"这一轮技术革新没有像以前那么温和,而是媒介融合、市场融合和产业融合同时展开"[①]。以后各广告公司对技术要素的投入比重将越来越大,对于习惯传统广告作业模式,仍处于低效益和专业化状态的陕西本土广告公司而言,意味着更加残酷的市场竞争和更加错综复杂的生存环境。如不能有效利用产业转型契机,强化核心竞争力,就会进一步拉大与一线城市广告公司的差距,在整体产业格局中的地位更加边缘化;反之,这将是陕西本土广告公司实现后发赶超的有效途径。

第四节 陕西本土广告公司竞争力提升的战略措施

大数据、移动互联网等新技术推动广告传播环境发生巨变,无论是一线城市的广告公司还是内地广告公司,无论是外资广告公司还是本土广告公司,都面临着转型的困惑。尤其是对于陕西本土广告公司而言,在产业战略转型的关键阶段,如何把握市场环境变化带来的机遇,突破传统广告运作模式?如何实现自身发展模式的创新与再造?陕西本土广告公司必须适应区域产业环境,寻求一条与一线城市广告公司发展既相同又不同的道路。

一 错位竞争,服务区域经济发展

(一)错位竞争

错位竞争是企业避开竞争对手的市场优势,以己之长击彼之短,

[①] 姚曦、韩文静:《再论广告产业发展要素》,《湖北大学学报》(哲学社会科学版)2016年第3期。

确立相对优势竞争地位的一种竞争策略。陕西本土广告公司在技术、理念、资金实力方面不具有优势，错位竞争，集中力量针对某个特定的细分市场，不失为一种明智之举。诸如深圳地区专注地产行业的青铜骑士、黑狐；专注医药行业的蜥蜴团队、二十一世纪福来；武汉地区聚焦旅游行业的现代广告公司；湖南长沙专注媒介自建；打造美发厅"镜尚时尚互动联播平台"的湖南楚天传媒，都是聚焦一个细分市场，以差异化求得企业发展。

（二）立足区域经济发展

陕西省是资源大省和工业大省，矿产、农副土特产、旅游文化资源丰富，强工业、弱民用，这是短期内无法改变的现实。陕西现已注册了"眉县猕猴桃""志丹羊肉""紫阳毛尖""洛川苹果"等十几个具有浓郁地方特色的农产品商标，一大批陕西省农副土特产正通过电子商务平台源源不断运输到中东部地区，却因缺乏包装，品牌化程度低，亟须广告公司进行专业化的产品开发、市场拓展和品牌化建设。[①] 此外，城市改造涉及城市空间艺术设计，旅游开发领域涉及文化产品定位、形象塑造和品牌传播，也需要广告公司的参与。陕西本土广告公司要将公司发展放在陕西经济大环境里考虑，与陕西经济发展、城市发展紧密结合，在促进省内文化旅游资源、农副土特产资源商品化、品牌化过程中，突出行业优势，提升专业能力。

二 创新广告人才管理机制

（一）健全人才培养机制

积极引进一线城市经验丰富、经营管理理念先进的高级人才，注意对初中级人才的培养，建立完整的培训体系。一方面，"走进来"，借在陕召开行业会议、展览的机会，邀请行业内的专家、学者开设讲座或者采用互联网远程讲座的形式加强对员工的培训；另一方面，

---

① 颜景毅：《西部地区广告产业发展的战略选择》，《青年记者》2016年第7期。

"走出去"，积极参与全国各广告节、行业会议以及各类奖项评比，加强与发达地区广告产业的交流。在公司内部、广告产业聚集区也可组织小型沙龙。智讯互动在这方面做得较好。该公司形成了较为完善的培训体系，每个月举行一次"比武大会"，由公司高层和特邀嘉宾共同评出这一个月的优秀案例，包括最佳创意文案、最佳画面、最佳视频等，给予奖品和现金奖励。同时，不定期召开分享会，新人分享自己的特长和兴趣爱好，同事和公司总监以及广告主分享心得体会。每当微信推出新功能或公司有技术更新时，技术部门也会为全体员工进行系统培训。智讯互动的经验值得陕西本土广告公司学习。

（二）优化竞争激励机制

通过提高员工福利待遇、工作环境吸引人才、留住人才。人才流动其原因不外乎追求更高的工资和更好的发展空间。大型互联网公司为了吸引人才，通常发给员工股票期权，公司效益增长，股价增值，员工获得收益。虽然陕西本土广告公司没有互联网公司的财力，绝大多数公司也没有上市，但可以仿效这种思路，对一些公司骨干或是从一线广告界引进的高端人才，发放原始股权或采用"合伙人"制，自负盈亏，高额奖励，从而降低广告产业频繁的人才流动。目前，除前文所述的麦道广告之外，格林威治等少数陕西本土广告公司也开始实行事业部模式。另外，智讯互动实施的"弹库智讯"，采用项目孵化的形式，允许工作有一定年限的公司骨干选择一些有成长空间的项目，带领一两个人单干，满足了员工对能力提升、职务晋升的要求，也是一个不错的管理思路。

（三）提升技术竞争优势，探求新媒体环境下的转型升级

根据企业发展方向和经营领域的改变程度，转型可分为顺势转型和产业跳跃式转型。顺势转型要求企业顺应市场环境和行业环境的变化，从已有的优势出发，打造与行业发展趋势相匹配的核心业务，使之成为企业新的盈利增长点；产业跳跃式转型则要求企业从某个领域跃至其他相关但不同的领域。在数字技术的支撑下，原本广告、公关、

活动、咨询等分属于不同产业的业务类型逐渐集中，跨越传统广告产业边界的大产业形态已经形成。从节省成本和充分利用现有资源的角度来看，陕西本土广告公司战略转型应选择顺势转型，发挥核心优势，加大公司在数字化方面的投入，强化自身的技术实力，将产业链延伸至上下游领域，寻找与新媒体相关的业务增长点。但这并不意味着公司要向"大而全"发展。当前市场营销主体已形成跨国品牌巨头、大媒体、大型广告集团和本土中小企业、各种分众媒体、营销渠道两极化发展的局面。陕西本土广告公司可根据自身情况，专注数字产业链的某个节点或某几个节点，做"小而美"型的营销服务公司。例如，数字媒体的跨媒体传播涉及社会化媒体营销、搜索营销、视频广告等各种形式，十分复杂，需要有良好的科技工具提供协助。技术优势较强的公司可加大在这方面的投入，研发电子媒体跨媒体整合传播计划的技术工具和营销效果监控优化工具。擅长策划创意的广告公司可利用广告创意孵化商业创意，为本土中小企业提供融合商业创意和广告创意的整合服务，或进行电商运营、提供与电商对接的新型社会化营销服务。中小型媒介代理公司则可探索基于数字技术的程序化购买、广告联盟、内容营销等新型代理制模式。已经上市或具有较强经济实力的广告公司也可采用收购或投资的方式，以最短时间获得技术优势。

（四）强化政策扶持力度，推动资本化、集群化发展

广告公司大多是靠资本实现扩张的。从1998年白马广告公司借壳上市开始，中国广告产业共经历了三次资本浪潮。大贺广告、广而告之、广东昌荣、广东省广告公司、蓝色光标等发达地区广告公司的发展经验表明，低资本、自我积累的传统发展模式已经过时，广告公司要想迅速完成业务调整，提升竞争力，应借助资本市场力量。目前，陕西本土广告公司资本运作仍处在初级阶段，下一步仍需继续深化本地优势，寻求多元化融资渠道，以资本运作集中人才、客户、财力等资源，实现产业链的横向和纵向整合。同时，借助广告产业园建设的

契机，寻找在产业集群中的优势，通过广告产业链相关领域扩张，实现规模化、综合性经营。

需要强调的是，陕西本土广告公司普遍实力较弱，以上两点仅凭广告公司自身很难实现，政府应在产业政策上扶持、引导，制定关于信贷服务、税收、人才培养等方面的优惠政策，为广告公司发展创造良好的环境。当前，陕西省政府制定的政策多与文化创意产业相关，和广告产业直接相关的政策数量少，并且多数是指导性意见，缺乏实施细则和实质性的政策优惠。以 2010 年 9 月陕西省出台的《关于促进广告产业发展的意见》（以下简称《意见》）为例，放宽广告企业市场准入条件到何种程度？如何推进广告企业改组改制？《意见》中无明确说明。对比同期福建等省的广告产业发展规划，不仅有明确的发展目标、重点任务、切实可行的措施，还有资金支持和税收减免的具体条目。陕西省本土广告公司的资本化、集群化发展可谓是任重而道远。

公益广告篇

诠释中国精神,凝聚中国力量

公益广告是服务于公共利益的广告。与商业广告相比，公益广告针对社会生活中的公益问题，以社会共识为支点，依靠良知和舆论的力量来解决认识分歧和价值争议，推动公众的态度转变和行为选择。因而，公益广告承载着塑造公共道德、规范公众社会行为、整合社会文化等方面的重任，是一个国家社会文明发展的重要标志。2013年以来，中国公益广告进入快速提升期，涌现出"中国梦"系列公益广告和《迟来的新衣》《筷子篇》《中国年篇》等春节公益广告。本篇将中国当代公益广告置于广袤的社会空间，论述中国公益广告在政治文化语境中的话语变迁和公益广告场域内的不同力量，系统分析"中国梦"公益广告的话语叙事，指出"中国梦"广告以文化认同建构政治认同，是有效强化国家认同的传播手段。

第一章　中国当代公益广告的话语变迁与权力博弈

第一节　中国公益广告话语变迁

"话语是语言符号所构成的，然而，话语绝不仅是使用这些符号以指示某个事物。正是这个'不仅'，使话语成为语言不可或缺的东西，正是这个'不仅'，使我们应该从社会视角加以诠释和描述的。"[①] 话语，可以看作上述语言结构和言语结合而形成的更丰富和复杂的具体社会形态，作为一种特定社会语境中人与人之间从事沟通的具体言语行为，即传播者和受众借助一定的传播媒介展开的沟通活动，话语也具有社会关联性。美国著名学者道格拉斯·凯尔纳曾经说："所有的广告都是社会的文本，是对所处时期所显现的重要发展做出的回应。"[②] 纵观中国公益广告三十年的话语变迁，公益广告话语不仅表达意义，本身也成为社会互动的一部分。

[①] [法] 米歇尔·福柯：《知识考古学》，谢强等译，生活·读书·新知三联书店1998年版。

[②] [美] 道格拉斯·凯尔纳：《媒介文化——介于现代与后现代之间的文化研究、认同性与政治》，商务印书馆2004年版，第423页。

一　萌芽期：政治说教及宣传诉求

中华人民共和国成立初期至20世纪80年代以前，是中国当代公益广告的萌芽时期。由于代表官方意识形态的政治权力话语在整个国家传播机构中占据支配地位，这时的公益广告多以宣传国家政令、军事信息的宣传画形式出现，配合中华人民共和国成立初期社会主义价值体系重建。

一是与社会实践相结合，突出政治价值观教育。此阶段中国先后进行了抗美援朝、土地改革、"三反""五反""三大改造"等运动，从根源上消灭了私有制及其附属意识形态的经济土壤。公益广告配合以上政治经济改革，取得了斐然的成绩。例如"抗美援朝、保家卫国""一人参军、全家光荣""为社会主义事业添砖加瓦"。此类作品画面风格热烈、激昂，人物形象英武伟岸，贯穿其中的基本情感，是对人民力量的歌颂，对敌人的刻骨仇恨。公益广告充满战斗性、鼓动性的色彩，极大地鼓舞了人民群众的战斗政治热情和建设祖国的热忱。

二是在全国广泛开展以爱国主义、集体主义为核心的社会主义思想道德教育。1956年"三大改造"完成后，我国从社会主义过渡阶段进入社会主义建设时期。但是，生产力基础的改造并不意味着各种非社会主义的、非马克思主义思想就会在短时间内消失，人民群众普遍文化水平低，思想觉悟亟待提高。这一主题在公益广告中也得到了充分表现。公益广告大力宣传"五爱"精神（爱祖国、爱人民、爱劳动、爱科学、爱护公共财物），开展"工业学大庆""农业学大寨"活动，王杰、雷锋、焦裕禄、王进喜分别代表着革命战士、党的好干部、模范工人的形象出现在公益广告中。这些勇于奉献、一心为公、全心全意为人民服务的先进典型人物形象体现了理想坚定、百折不挠的时代精神，其宣传手法与新闻领域宣传典型的理念一脉相承，成为中华人民共和国初期加强社会主义思想道德建设的创新之举。

三是倡导"人人平等""男女平等"的价值理念。自清末鸦片战争以来，中国人民就开始了对平等价值观的追寻。公益广告作品中往往展示各种职业人群，以此寓意人与人不分贵贱、不分职业，一律社会地位平等。例如《把一切献给党》（见图12）便集中了工人、农民、少先队员、商人、知识分子、教师、幼儿等各类人物形象。同时，封建社会强加在女性思想、身体上的枷锁和桎梏被打破，女性与男性享有同样的政治权利和社会福利。此时期的公益广告展示了英姿勃发的女性形象，一扫中华人民共和国成立前月份牌广告中阔家小姐纤柔娇媚、顾盼娉婷的阴柔之气，从女跳伞兵到女拖拉机手再到女工人……昔日只有男性才能从事的职业领域随处可见女性身影。虽然有文章认为，这种"无性别"传播仍然是一种"纸上的平等"，但公益广告中多姿多彩的女性形象既是社会价值观念变迁的深刻反映，也推动了更多新时代女性参与到社会主义建设中。

图12 《把一切献给党》

总的来看，公益广告是中华人民共和国成立初期党的宣传工作中最具鼓动性的一种传播方式，寓抽象、枯燥的政治理论和政治任务于简短有力的口号和生动直观的画面之中。在广播、电视等大众传播媒介尚未普及，广大劳动群众教育程度不高的时代背景下，公益广告成为教育民众、鼓舞民众、打击敌人的重要工具。

当然，必须承认的是，此时公益广告尚处于发展的初级阶段，在各方面存在诸多不足。一是在形象、构图方面模式化严重。例如，公益广告人物形象多以工人、农民、士兵为主，人物普遍进行适度夸张，如方正的面部轮廓、孔武有力的身躯、发达的肌肉等（见图13），一定程度上成为该时期新闻传播领域"高大全"典型形象的视觉表征；二是从用色来看，为渲染革命情感，彰显广告人物的坚定革命意志，公益广告大都采用红色作为画面主色调，形成了"红、光、亮"的红色审美偏好。画面构图常采用三角型、发散型等方式，背景简单，主体形象突出。另外，带有强烈号召色彩的口号式文案，使得这一时期的公益广告话语充斥着浓厚的权威说教气息，完全是对受众进行国家意识形态的强制性灌输。以上种种虽然使得该时期的公益广告呈现出

图13 《防原子防化学防细菌挂图》

特有的时代印记，但从审美角度而言，无疑消解了公益广告的审美价值，甚至可以说，此时期的公益广告更多的是以一种脱离艺术审美的形式出现的。

二 发轫期：城市化进程中的社会公德教育

改革开放后，市场经济建设提速，为公益广告的成长提供了良好的外部环境。1978—1992 年，国内生产总值从 3645.22 亿元增加到 26923.48 亿元，增加了 7.3 倍有余；人民生活水平大幅提升，消费水平从 184 元增加到 1116 元，增长 6 倍多，城镇居民可支配收入也由 346 元增加到 2026 元，也增长近 6 倍。[①]

伴随着经济的高速发展，工业化与城镇化成为社会发展的主旋律，随之而来的是价值观念裂变与冲突以及一系列社会问题。例如工业发展导致环境污染；大批农民进入城市，人口流动带来的城市管理问题。以前没有得到广泛关注的社会公德方面的问题也进一步凸显。在此背景下，精神文明建设被提上了日程，国家明确提出社会主义要建设高度物质文明，也需要建设高度的社会主义精神文明，不仅将社会主义精神文明列为社会主义的重要特征，还进一步确立了社会主义精神文明建设在社会主义现代化建设中的战略地位。

为了响应党中央提出的精神文明建设号召，中央电视台以高度的政治自觉和文化自觉，于 1987 年 10 月 26 日《新闻联播》之后播出了公益广告栏目《广而告之》。《广而告之》既有体现政策国情的作品《警惕又一个生育高峰》《希望工程》《反腐倡廉》，也有诸如《吃不了兜着走》《集体婚礼好》等移风易俗之作，其节目六字方针"提醒、规劝、批评"和"培育良好社会风气，促进社会文明与进步"的栏目宗旨，都颇具社会教育色彩。由于这一时期正处于城镇化的初级阶段，

---

① 张弛：《论社会变迁与中国电视公益广告的发展（1978—2012）》，博士学位论文，湖南师范大学，2014 年。

个体社会交往范围扩大推动了公共领域的形成，客观上要求社会相应地形成一种协调公共生活人际关系的道德原则和行为规范，这种新的公德并不倡导"大公无私""舍身奉献"，而是将公共生活中社会成员相互尊重彼此的平等权利作为基本的道德义务，因此公益广告话语凸显公民个人行为规范。数据显示，在《广而告之》开播的九年时间里，共播出行为规范、道德规范和价值取向三类公益广告，其中行为规范类最多，占59%；其次是道德规范类，占29%。① 例如，《高高兴兴上班，平平安安回家》是针对挤公交车上下班的现象，号召大家"礼让"；《你们痛快了，我和邻居怎么办》讲述了邻里之间的相处之道。从表现手法而言，《广而告之》虽然仍不免带有早期大字报式的公益广告的生硬风格，但它借鉴了国外小品式"公德广告"的特点，更多的是以短小的故事形式倡导社会公德。比如《你们痛快了，我和邻居怎么办》讲述了深夜里一个年轻人在用功读书，楼上聚餐的喧哗使他坐立不宁，左邻右舍也不得安宁。片尾"啊，你们痛快了，我和邻居怎么办！"直截了当地道出了主人公的心声。另一个反映都市上班难的公益广告《别挤了》，则别出心裁地选择了广告歌的形式，委婉地进行公德教育："别挤啦！别挤啦！为什么乘车这样难。别挤啦！别挤啦！大家都能快一点。逢上假日还好办，无非多搭点乘车的时间，最怕上班下班的时候，上班晚了（啊）要扣工钱；下班晚了老婆孩子都在等吃饭……"《广而告之》的播出，标志着中国公益广告事业史的开端，从《广而告之》开始，此后进行的中国公益广告活动明显带有一个整体目标，那便是"通过传播先进思想，弘扬民族精神，提倡社会公共道德、职业道德、家庭伦理道德以及其他行为规范，为提高全民族素质和建设社会主义精神文明服务"②。在中央电视台的强势带动下，各地电视台纷纷开辟专门时段播放公益广告，

---

① 唐忠朴：《进一步扩大电视公益广告题材高扬时代主旋律》，《中国广告年鉴（1996）》，新华出版社1997年版，第229—231页。

② 倪宁：《讲个"广而告之"的故事》，《中国建材》2006年第3期。

例如北京电视台的《广角镜》、河南电视台的《兴利除弊》、四川电视台的《公益广告》等。截至1995年，全国共有27家省级媒体拥有此类型节目。①

三 发展期：社会转型期的舆论引导

20世纪90年代中后期，中国进入以社会结构整体性变迁为主的深度转型期。社会主义市场经济体制已然确立，消费主义文化从物质生产领域向精神生产领域蔓延。加之改革开放营造了较为宽松的文化环境，大量西方文化涌进国门，人本主义、实用主义、个人主义、拜金主义等西方价值观与传统的、本土的各种价值观混杂交织。以上意识形态领域的问题已不能简单地运用行政、法律的方式来解决，迫切需要在全社会进行价值引导。

1994年全国宣传思想工作会议明确提出要做好正确引导舆论的工作，即宣传工作"必须以科学的理论武装人，以正确的舆论引导人，以高尚的精神塑造人，以优秀的作品鼓舞人"。1996年，中国共产党十四届六中全会颁布《中共中央关于加强社会主义精神文明建设的若干重要问题的决议》，社会主义精神文明建设被提升到一个新的高度。在此背景下，公益广告引起了政府有关人士的关注。全国人大常委会副委员长、中国广告协会名誉会长陈慕华指出："除了宣传商品以外，广告界还要为社会尽些责任，为树立良好的社会风尚做些贡献……用正确的舆论引导人。"②同年，国家工商行政管理局局长王众孚在《人民日报》发表文章《广告要符合精神文明要求》，强调广告要在精神文明建设中发挥着重要作用。中央文明办、中央宣传部、中央纪委、国家广电总局、国家工商总局等部门多次联合组织大型公益广告活动，如"中华好风尚（1996）""自强创辉煌

---

① 王云、舒畅：《〈广而告之〉在中国公益广告史上的意义》，《新闻大学》2000年第8期。
② 《要用正确的舆论引导人》，《现代广告》1996年第1期。

(1997)""下岗再就业（1998）""树立新风尚，迈向新世纪（2000）"。自此，公益广告话语呈现出多元化、系列化、规模化的特征，更加关注人自身的完善以及人与人、人与自然、人与社会的和谐发展。例如，关注可持续发展、绿色能源、低碳生活等主题的生态保护类公益广告；关注弱势群体（自闭症儿童、艾滋病患者）、反对家庭暴力的慈善救助类公益广告；以"红盾护农"为主题的农村公益广告……仅2001年就有"做文明的现代中国人""思想道德""国防教育""新世纪、新风尚""倡导社会主义荣辱观""扬正气，促和谐""我们心连心、同呼吸、共命运，夺取抗震救灾的伟大胜利"和"我们的节日·春节"等多个主题。另外，公益广告充分发挥其社会协调功能，以宏大的叙事视角触及转型期中国社会复杂多样的社会热点事件。

热点事件一：国企改革与国企工人下岗再就业。截至1997年年底，全国31个省（自治区、直辖市）的国有及国有控股工业企业盈亏相抵之后，有12个省（自治区、直辖市）为净亏损，其中纺织、煤炭、有色、军工、建材为全行业亏损。而此时国有商业银行不良贷款率高达33%，已接近破产边缘。[①] 中国经济体制改革进入深水区，迫切需要进行结构调整，经济结构调整的重点就是国企改革。1998年，全国6659家国有及国有控股大中型企业三年时间共计下岗分流2100多万人。[②] 这次国企改革与1949年之后进行的帕累托式改革完全不同，帕累托式改革主要改变的是现有资源配置，一方福利的提高不以另一方福利减少为代价。而此次改革不仅打破了传统的经济体制和社会结构，还从根本上冲击着整个社会的心理结构。为了稳定民心，使下岗人群以积极心态正视再就业过程中可能遭遇的挫折，中央电视台围绕下岗主题制作播出一系列作品，如《我的父亲》《郑州纱嫂》

---

① 《1998年经济遇冷后的改革》，2016年1月25日，石家庄新闻网（http://yzlnb.sjzdaily.com.cn/html/2016-01/25/content_1227090.htm）。

② 胡家源、王雅洁、降蕴彰：《中国经济温故1998》，《中国中小企业》2016年第2期。

《蒲公英》……其中最让人印象深刻的是联想集团与中央电视台联合制作的公益广告《脚步篇》和《从头再来》。在《从头再来》中，刘欢深情演唱的"心若在，梦就在，天地之间还有真爱；看成败，人生豪迈，只不过是从头再来"，激励了一代人走向追梦的道路。

热点事件二：社会公共安全突发事件。中国拥有全世界第三大的国土面积和数十亿人口，地处环太平洋地震带边缘，季风气候特征明显，洪涝和地质灾害多发，各种社会公共安全突发事件中，时刻可见公益广告身影。例如2003年年初，我国局部地区发生非典型性肺炎传染病，死亡1000余人，感染患者数千人，恐慌情绪一度在社会蔓延，《中国人，继续前进》《众志成城　抗击非典》《服务社会　奉献社会》《生命永不言败》等抗击"非典"公益广告展现了优秀人物的感人事迹，为全国人民齐心协力抗击"非典"提供精神支持。公益广告《别害怕我就站在你身边》主题歌唱道："突然间袭来了生命的危险，还来不及完成春天的心愿，突然间牵挂在聚散之间，只有爱的乐章告慰着思念，别害怕我就站在你身边，心在一起爱会让我们勇敢。"汪峰富有磁性的嗓音、真情的演绎，再辅以救灾现场真实感人的画面，像一股暖流注入灾区人民心中。2008年汶川大地震时，公益广告处处充满了人文关怀，号召大家对灾区伸出援助之手，但其作用又不仅限于慈善救助，在抗灾的艰难时刻它以温暖人心的方式送上坚强的力量，激发了公众支援灾区的爱心和灾区人民自强自立的勇气，向全世界展现了中国人民面对天灾时临危不乱、共渡难关的坚强形象，也侧面起到了宣传国家形象的作用。

综上所述，伴随着大众文化流行而崛起的大众话语成为占主要地位的社会话语形式，这一时期的公益广告以人为本，灌输型说教让位于感性诉求，注重通过创意表现引发受众的情感共鸣，多角度、多层面地对社会问题做出真实反映。

四　提速期：大国崛起与社会主义核心价值观培育

21世纪第一个十年，公益广告话语集中诠释大国梦想、塑造国家认同。美国先后因"9·11"事件和次贷危机引发的金融风暴遭受重创，西方发达资本主义国家对国际事务不再具有绝对的掌控力，国际格局进一步深度调整，以中国为代表的发展中国家面临新的机遇。在此历史性时刻，中国全面深化改革，加快推进新型工业化、信息化、城镇化、农业现代化，国际影响力显著提高。数据显示，2009年中国出口总量跃居世界第一位；2010年中国成为世界第二大经济体。中国国内生产总值更是由2008年的319516亿元增加到2017年的827122亿元，增加了两倍有余，城镇居民可支配收入也由2008年的15781元增长到2017年的25947元。即使目前经济增速的放缓趋势十分明显，全球经济依然在很大程度上依赖着中国。其他处于发展中状态的经济体，在对全球GDP增长率的贡献方面，没有一个可以与中国媲美。[①]久经磨难的中华民族真正迎来了从站起来、富起来到强起来的伟大飞跃，迎来了实现中华民族伟大复兴的光明前景。

中华民族正在走向复兴之路，中国崛起不可逆转。在这承前启后、继往开来的关键时刻，社会主要矛盾已经转化为人民日益增长的美好生活需要和不平衡不充分的发展之间的矛盾，既有道德滑坡、诚信缺失、行为失范的困扰，又面临产业转型问题、农民工问题、人口老龄化问题、生态环境问题等诸多社会问题。加之网络技术的迅速发展带来了生活方式、思维方式、伦理道德的剧烈变化，使得中国迫切需要加强意识形态话语权，公益广告成为党和政府舆论宣传的重要阵地。2012年11月，中共十八大报告提出了社会主义核心价值观，为了配合社会主义核心价值观的传播，2013年1月中央七部委联合下发《关于深入开展"讲文明树新风"公益广告宣传的意见》（文明办〔2013〕1号），要求中央媒体围绕积极培育社会主义核心价值观、社会道德行为规范、生态文明建设等内容推出公益广告精品。2016年7月，中央

---

① 《美媒：中国对全球经济增长贡献比发达国家总和高50%》，2016年9月5日，观察者网（http://mil.news.sina.com.cn/dgby/2016-09-05/doc-ifxvqcts9474543.shtml）。

文明办召开的全国公益广告工作推进会更是明确指出:"培育和弘扬社会主义核心价值观不仅是公益广告的主题,也是其灵魂。推出公益广告的目的,就是为了引领民众和社会的价值观。"[①] 至此,中国公益广告全面进入国家公益广告时代,公益广告也有了明确的指导思想,便是以社会主义核心价值观为引领,"普及主流价值、凝聚社会共识、传播文明理念、振奋人们精神、引领时代新风"[②]。自2013年起,"中国梦"公益广告以"中国精神、中国形象、中国文化、中国表达"为主题,采用36个地区的十余种民间艺术为素材,对内鼓舞人民团结友爱、守望相助,共同实现民族复兴的伟大使命。对外通过公益广告将"中国梦"传向全世界,通过传递中华民族的核心价值观来赢得世界的理解和支持。[③] 同时,央视启动了"春晚公益广告"计划,专门在春节联欢晚会的黄金时间播出公益广告,诠释大国梦想、塑造国家认同。《美丽中国》(2013)、《迟来的新衣》(2013)、《筷子篇》(2014)、《中国年篇》(2013) 等公益广告,内容涉及传统文化、亲情、民俗、爱国之情,依靠央视的品牌效力和春节晚会的契机,引发海内外的强烈共鸣。《美丽中国篇》《共同创造,见证辉煌》两个广告侧重以集体记忆唤醒的形式,以史诗般的国家视角展示华夏大地广袤河川和中国人民努力拼搏所取得的瞩目成就。《筷子篇》则采用传统文化再现的方式,选用筷子为情感载体,将各地过春节的真实场景与感恩、明礼、孝敬等美德相联系,诠释"家国一体"的中华民族核心理念。值得注意的是,该系列公益广告善于从当下流行的社会话语(《迟来的新衣篇》直接取材于农民工千里骑行返乡过年的新闻)中寻找灵感来源,以平民化的叙事视角观照农民工、残障人士等特殊人群,建立起具有象征意义的广告文本。通过春节晚会,这组带有民族色彩的公益广告

---

① 新华社:《全国公益广告工作推进会召开》,2016年7月12日,中国文明网(http://www.wenming.cn/ziliao/huiyi/jigou/wenmingwei/201607/t20160712_3524757.shtml)。
② 同上。
③ 史安斌:《公益广告与传播"中国梦"》,《对外传播》2013年第10期。

以"润物细无声"的渗透力传播到全世界的每个角落,一改长期以来西方媒体塑造的中国国家形象,国外媒体对此给予了高度评价。

第二节 中国当代公益广告话语变迁中的权力分析

"人类主体被置于生产关系和意义关系中的同时,他同时也被置入极为复杂的权力关系中。"① 每一种话语背后都隐藏着权力的魅影,话语权力即言说者对话语因素的合法占有。② 权力不能单独存在,它要通过具体的控制和反控制来实现。公益广告话语的生产、组织、传播,都受到一定意识形态的控制和操纵,公益广告成为商业、政治力量角逐的空间。

一 公益广告场域内的三种权力

在公益广告场域并存着商业、政治和受众三种权力主体,公益广告的生产者和传播者为实现调整社会权力关系的意图发布公益广告;相应地,受众据此调整自己的观念、存在状况甚至自己所处于的社会权力关系。

(一) 商业利益对公益广告逐步渗透

公益广告话语表现着社会关系的同时,也体现着市场的权力关系。商业利益对公益广告深度渗透有着现实和环境的双重动因。

资金问题一直是困扰公益广告发展的主要问题。在我国尚未建立不带任何营利目的的公益广告运作机制的情况下,引入企业赞助有助于缓解公益广告制作资金短缺的现状。当前以生产者为中心的"4P"组合逐步被以消费者为中心的"4C"组合所取代。绿色营销、情感营销、社会责任导向等一系列概念共同构筑了人本主义的营销观念。人

---

① [法]德赖弗斯·P. 拉比诺:《超越结构主义与解释学》,张建超等译,光明日报出版社 1992 年版,第 272 页。
② 查常平:《艺术话语权力的社会性、历史性》,《艺术评论》2004 年第 3 期。

本主义营销观关注社会责任，社会利益，认为营销除了功利性之外，还有社会性。企业诉诸公共利益，可以借助公益价值塑造良好的企业形象，实现产品销售和公众认可的双重目标。自1994年央视创新性地采用公益广告片片尾展现品牌名称的形式寻求企业资金支持以来，这种形式已成为非政府类公益广告的"标准"形式。如今的公益广告，商业元素越来越多，商业化倾向越来越强，甚至某些企业采取了植入式广告的形式将商业信息植入公益广告传播内容中。如某电视台的公益广告："现在是××企业的公益广告时间，××企业提醒您注意驾车系好安全带。"此类广告的出现，很难将其界定为公益广告还是商业广告。商业性对公益广告的不断渗透，混淆了公益广告与商业广告的界限，造成公益广告文本公益性的消解：商业赞助方希望借助此方式获得尽可能多的商业利益；公益广告制作者又要求尽可能少地呈现商业信息以减少受众对潜在广告动机的质疑。①

（二）政府对公益广告的主导

广告本身具有社会生产和社会控制的双重含义。② 对当下的政治语境来说，公益广告的繁荣，不仅仅是社会文明进步的必然，也暗示了政治权力借助公益广告进行话语整合的传播策略。政府对公益广告的主导，体现在以下几个层面：

首先，政府为公益广告传播预设议题。在广告话语中权力的施控多体现为隐形的意识形态控制。每年政府举办的主题性公益广告大赛或公益广告活动，即是政府将主流意识形态植入受众的信念和价值观体系，让公益广告话语言说服从其预设的意识形态框架，从而使权力获得认可并得以维持的体现；其次，政府对公益广告的主导体现在对公益广告的管理上。我国政府经常下发各种规定，如《广电总局关于做好有线数字付费频道公益广告片播放工作的通知》《关于进一步做

---

① 倪宁、雷蕾：《公益广告独立性发展及制约因素分析》，《现代传播》2013年第5期。
② 熊蕾：《广告权力机制研究》，中国社会科学出版社2011年版。

好公益广告宣传的通知》《关于加强制作和播放广播电视公益广告工作的通知》，约束公益广告行为；最后，作为媒体的高位主体，我国政府掌握着公益广告的主要发布平台，通过行政指令，对媒体发布公益广告的数量、频率、时间阶段实施控制。

政府主导模式在公益广告发展初期彰显了巨大的聚合力，然而随着公益广告事业的层层推进，这一模式逐渐暴露出种种弊端。一方面，政府权力对公益广告过度控制使得公众将公益广告视为"政府的延伸""政治依附性较强"[1]，容易对广告文本产生对抗性解读，消解其中蕴含的价值和精神；另一方面，公益广告的管理主体涵盖国家工商局、中央宣传部、国家广电总局、国家新闻出版署、文化部等各个领域，多头管理，受众导向意识不强，缺乏长远规划。

（三）边缘化受众

从表面来看，在公益广告"场域"内，政府与企业是权力博弈的主体，其实质是公益广告受众边缘化的结果。公益广告是全体公民共同的社会公共事务，其发展应该来源于"自下而上"的社会基础。然而受制于"传播—受众"的二元对立逻辑，长期以来我国公益广告不注重受众的传播主导地位，既没有通过调查来确定公益广告主题及诉求重点，也没有为广告受众提供通畅的反馈渠道，受众参与机制不健全。

互联网技术的快速发展和各种公益广告大赛的蓬勃开展，令不少学者对公益广告的受众参与，抱有较为乐观的态度。其原因有二：一是认为市场经济体制承认"私利"，推动了个人"权利意识"的觉醒，公众开始倾向于通过个体参与，维护与个体利益相关的社会事务；二是认为以网络为代表的新媒体导致话语权的扩散，能够广泛调动起公众的参与热情。

---

[1] 倪宁、雷蕾：《基于互联网的公益广告公众参与研究——以优酷网"扬正气，促和谐"公益广告视频单元为例》，《国际新闻界》2013年第4期。

然而，令人尴尬的现实是，更多的公益广告大赛沦为各级媒体为完成政府指令的自说自话。2007年，聚视网举办过一次名为"聚视公益·关爱天下"的网络公益广告大赛，参赛作品获得网友最高投票为2000多票，大部分投票不足100票。学者倪宁指出，正是上文所述的政府主导型公益广告机制和当前公众社会总体参与水平不高两方面原因导致了公益广告传播"传"而不"受"的困境。

二 中国公益广告发展的路径选择

（一）提升公益广告话语独立性

公益广告要提升其话语独立性，需要重新定位政府在公益广告机制中的角色，强化政府的宏观管理导向，弱化其微观参与。例如，建立公益广告发布的税收优惠政策，对参与制作公益广告的广告经营单位实行税收的减免优惠，对过度商业化的公益广告进行监管等，促使政府职能从全能型政府向有限型、服务型政府转变。此外，为了实现公益广告的有效供给，可成立公益广告专业组织机构，从而弥补在提供公益广告这一公共物品方面存在的"政府失灵"。公民社会理论认为，整个社会系统划分为国家、公民社会和市场。第三种力量独立于政府系统和市场系统之外，在市场无法做到、政府不能插手的空白领域，甚至在某些由政府提供公共物品的领域，都可发挥一定的作用。目前国外比较成熟的有三种公益广告运作模式：以美国为代表的社会主导型模式、以日本为代表的企业主导型模式和以韩国为代表的媒体主导型模式，均由具有高度独立性、专业性的第三方公益广告协会参与其中，并发挥重要作用。但是，由完全独立于政府之外的专业机构来组织和引导并不符合我国国情。在我国公益广告现有运行机制下，"强政府"在促进公益广告发展中的重要作用不能被完全抹杀，如果单纯地认为引入第二种力量即可解决公益广告的现存问题，同样是具有"乌托邦"色彩的假想。基于我国传统舆论宣传的惯性以及公益广告在社会整合、舆论引导、价值观构建方面的特殊作用，政府在相当长一段时期内仍将是公益广告场域中的重要一面。因此,笔者建议,首先将非政府类公益广告从政府直接管理中剥离开来,对非政府类公益广告的运作借鉴国外的做法,成立类似公益广告基金会的社会专业服务机构,政府实行宏观指导,并遵循社会化、专业化、市场化的原则,独立完成资金管理、主题设计、标准制定、大赛动员等工作;其次借鉴日本经验,号召企业组成隶属公益广告基金会的公益广告企业协会,以会员的身份集体参与公益广告发布,统一署名。

(二)建构受众导向的现代公益广告话语体系

话语生产总是按照一定的程序受到控制、挑选、组织和分配的,每一个时代都有不同的世界观和概念结构。中国公益广告在过去几十年取得了长足的发展,但这并不能掩盖其言说的话语困境。比如,针对农村、农民受众的公益广告严重失语。农村公益广告不仅数量少,而且多停留在公益广告最初口号式的政策宣传时期,话语形式单一。更重要的是,相当一部分公益广告仍然沿袭早期意识形态宣传的话语模式,即传播者中心论——公益广告传播者以道德教化者或生活方式引导者的"天然"身份居高临下的言说,而受众则往往处于接受者和被教化者次要的、被动的角色位置上。① 要实现公益广告传播效果最大化,迫切要求建设以受众需求为导向的现代公益广告话语体系,即话语言说密切围绕公众最关心的社会问题,关注弱势群体;不仅注重对传统价值规范、传统符号的发掘利用,更注重对其进行时代性的阐释,以期在表现手法上符合公众的期待视域和知识结构。

建设以受众需求为导向的现代公益广告话语体系还要求建立公益广告效果监测机制,对公益广告的受众心理、媒介接触习惯等方面进行全面评估。商业广告传播已有一套较为完善的效果评估机制,然而公益广告在该领域十分薄弱。不仅政府部门未对这一重要环节给予应有的重视,学界也鲜有这方面的量化研究。由教育部和荷兰皇家科学

---

① 朱天:《论当前我国公益广告的理念更新》,《新闻界》2007年第5期。

院合作展开的中荷合作项目《公益广告基本原理、内容及效果研究》研究结果显示，即便是对中国公益广告最为了解的人士，例如党政机关的官员、电视台广告部和广告公司的从业人员，也难以清晰地说明公益广告对公众的影响。因此，建立公益广告效果监测机制将是未来中国公益广告的发展中需要高度重视的环节。

（三）增强公益广告话语的互动性

数字技术、互联网 Web2.0 等新媒体技术的应用带来了日益开放性的接受语境，从技术层面增强了受众的传播权力。广告传播已进入 UCG（用户生成内容）时代：受众既是广告的接受者，也是广告的制造者，具有相对介入广告传播的主动性。受众参与广告权力的再生产意味着意义权威和共同标准，越来越难以强制性的方式实现。[①] 公益广告传播者必须改变轰炸式的单向传播模式，设置有利于微博、微信、社交网站等各类社会化媒体传播的话题，赋予受众更多的互动空间，开辟公益广告的新型传播渠道。在广告制作层面，也可借鉴国外的"众筹广告"模式，在网上定期发布公益广告任务，调动广大受众在广告创意构思、视频制作、推广公益作品方面的积极性。在这方面，公益组织走到了前面。2013 年，野生救援公益组织的"我与鱼翅说再见"项目与 O2O 美甲品牌河狸家合作发起"手指护鲨行动"，由护鲨大使江一燕在美拍公益直播。江一燕富有亲和力的明星形象和互动式的直播模式使得该活动的微博浏览量超过 122 万（见图 14）。之后的"啃指甲救犀牛"活动，又邀请 Maggie Q、李冰冰、陈坤以"啃指甲"的诙谐行为亮相，传递"犀牛角的成分与你的指甲毫无二致"的信息，并邀请参与者通过微信朋友圈发布"啃指甲"的自拍照。可见，公益广告受众参与性的强弱极大依赖于话题和活动是否有创意。增强公益广告的互动性，恢复其非强制性的本性既是公益广告概念的题中应有之义，也是我国公益广告发展的必然路径选择。

---

① 朱天：《论当前我国公益广告的理念更新》，《新闻界》2007 年第 5 期。

图 14 河狸家微博发布"手指护鲨行动"现场图

第二章 "中国梦"公益广告研究

随着中共中央总书记习近平同志参观"复兴之路"展览时第一次提出"中国梦"的概念,"中国梦"成为当下中国最热的口号,得到了传播学界的广泛关注。理论研究集中在"中国梦"传播中大众传媒的角色扮演,如何对"中国梦"进行意义建构与传播叙事,国际社会对中国梦的认知评价以及"中国梦"的传播策略。但是对于"中国梦"的名片,在"中国梦"传播中覆盖面最广,"阐释中国道路,诠释中国精神,凝聚中国力量"[①] 的公益广告,却鲜有研究者涉及。本章试以2013年中央文明办推出的"讲文明 树新风"(又称"中国梦"广告)系列公益广告为例,就此展开探讨。

第一节 "中国梦"公益广告文本分析

"中国梦"公益广告是政府类公益广告,广告主题来自中国政府的指导思想和重要执政理念,可视为政府宣传的一部分。2013年3月17日,习近平总书记在十二届全国人大一次会议闭幕会上指出:"实现中华民族伟大复兴的中国梦,就是要实现国家富强、民族振兴、人

---

① 姚桓、孙宁:《"中国梦":责任担当、精神能量与文化气质》,《中国党政干部论坛》2013年第4期。

民幸福。中国梦归根到底是人民的梦。① 欲对"中国梦"公益广告做系统研究,必须对"中国梦"的内涵进行深入分析,从更宏观的政治、文化角度理解"中国梦"公益广告产生的背景。

一 "中国梦"及"中国梦"广告缘起

习近平总书记的讲话,为我们勾勒出"中国梦"的内涵特征。从结构角度来说,"中国梦"由国家富强、民族振兴、人民幸福三部分构成,隐含着物质和精神层面的双重意义:它既是一份责任担当,是全体国民为了实现国富民强的不懈努力,也是一种精神能量,是在凝聚民族复兴共识基础上获取的源源不断的意志动力;它还是一种文化气质,彰显了传统文明的色彩,谱写了天下大同的基调。② 从主体的角度来说,"中国梦"是指发生于当下中国这一东方国家特有的"国家梦",而不是西方国家异域的梦想;是中华民族五千年文明与近代以来的伟大历史梦想相互融合的"民族梦",而非西方民族的"异族"梦想。从执政党执政实践的角度而言,"中国梦"是中国共产党在领导中国革命与建设伟大执政的历史实践过程中升华的"政党梦";归根结底是生活在中国、繁衍于中华民族、在中国共产党领导下的中国人民的"梦"。③ 从个体与国家的关系来说,"中国梦"既是国家、民族追逐的梦想,又与中国的普通民众密切相关,是由千万个个体的梦想凝聚而成,并最终"落实到解决老百姓关心的一件一件具体事情上"④。

继 2012 年习近平主席阐述了"中国梦"的内涵后,2013 年 8 月 19 日,习近平总书记在全国宣传思想工作会议上进一步强调,要创新对外宣传方式,加强话语体系建设,着力打造融通中外的新概念、新范畴、

---

① 习近平:《在第十二届全国人民代表大会第一次会议上的讲话》,《人民日报》2013 年 3 月 18 日。

② 许晓平:《"中国梦"的时代价值》,《理论探索》2013 年第 7 期。

③ 张明:《"中国梦"的特征、价值导向与实现路径》,《新疆师范大学学报》(哲学社会科学版) 2013 年第 9 期。

④ 寸木:《中国梦 人民梦》,《人民日报》2013 年 5 月 15 日。

新表述,讲好中国故事,传播好中国声音,增强在国际上的话语权。这是中国国家领导人首次提出要将"讲好中国故事"作为创新对外宣传的一种方式,在某种意义上标志着政治传播理念和国家层面的话语体系转向。"讲好中国故事"的话语策略实质就是从普通大众的视角,用通俗化、简单化、受众喜闻乐见的表现形式实现对受众的引导和动员。

2013年1月,中央七部委联合下发《关于深入开展"讲文明树新风"公益广告宣传的意见》,以"中国精神、中国形象、中国文化、中国表达"为创作理念,倡导全国各类媒体积极制作和播出"讲文明树新风"公益广告。2013年7月全国百家网站参与了"圆我中国梦,传播正能量——'讲文明树新风'公益广告网上传递活动"。此后天津、宁海、兰州、宁波、福州等全国多地举行了"中国梦"公益广告大赛,引发创作热潮。"中国梦"公益广告用凝练的语言和形象的画面,诠释了"中国梦"的内涵和每个中国人的梦想,不仅发挥了凝聚国人精神、民族复兴动员的作用,也承担了向世界展示中国形象,影响世界的时代使命。

二 "中国梦"公益广告的表现手法

从传播学的视角来看,公益广告实质上是一种广告符号的编码和解码,在这一过程中,公益广告创作者利用语言文字符号和视听符号编码形成公益广告文本。作为我国政府全面建设小康社会关键时刻的一种政治动员,"中国梦"公益广告不仅有本土化的广告表现形式和创意思维,在表现手法和文化理念方面也彰显了当代大国强烈的文化自信。

(一)中国元素的广泛使用

符号是群体文化需求与文化认同的直接或间接的表现。符号具有约定俗成的意义,是同一文化背景之下人们共同遵守的一套规则。①

---

① 熊蕾:《论广告符号的结构、逻辑与不对称性》,《武汉大学学报》(人文科学版)2008年第1期。

采用亲近性的表意符号是"中国梦"公益广告作品的一个重要特色。"中国梦"广告制作团队深入挖掘中华民族优秀文化，广泛选取了河北蔚县、承德、山西运城、广灵、临汾的剪纸，天津"泥人张"泥塑、天津杨柳青版画，陕西户县、安塞、宜君的农民画与剪纸，邱县、上海丰子恺漫画，金山农民画等数十个地区的民间艺术。例如，天津"泥人张"泥塑本身就是种传统工艺，后经过历代传承，"泥人张"泥塑成为中国北方泥塑艺术的代表。陕西户县的农民画至今也有六十多年的历史了，经过几次变革改进，在创作形式上，多以漫画式的夸张表现手法，用色大胆浓郁，构图饱满，重朴实、讲神似，带有鲜明的浪漫主义色彩。总之，这些民间艺术形式是民间百姓在长期的劳作和生活中，为满足生活和审美需求而创造的艺术，色彩明快，表现了源远流长的追求吉祥、期盼幸福的民族心理，将这些元素用于"中国梦"系列广告作品，迎合了社会大众的审美需求，也契合"中国精神、中国形象、中国文化、中国表达"的宣传要求。

在思维方式和符号解读上，"中国梦"公益广告以典型的中国思维方式创作广告文本使其与受众意义域相吻合。中国文化讲究"图必有意、意必吉祥"，谐音寓意是中国传统艺术创作中最常见、使用最多的一种表现手法，运用谐音寓意可以将福寿平安、喜庆吉祥这些美好的祈愿用具体的形象鲜明直观地表达出来。诸如绘一只猴子骑马，手摘蜂巢表达"马上封侯"；绘一只喜鹊站在梅花枝头表示"喜上眉梢"，三枝戟插在瓶子里表示"连升三级"。这些作用于人的感官的图形元素符号（能指）往往并不相关，嫁接在一起指向所期待的意义（所指）使意义"尽在不言中"，只有深谙传统文化的国人才能心领神会。"中国梦"公益广告大量使用了谐音的表现手段。和谐社会主题的公益广告作品用"荷花"谐音表达"和"谐，用"河流"取"和"的谐音，天津杨柳青年画《年年有余节俭》《人人节俭连年有余》，取"莲花"和"鱼"的谐音表达"连年有余"；山西广灵剪纸《中国大吉》，使用一只昂首向着红日啼叫的"大公鸡"谐音"大吉"；天津泥人彩塑《中国吉祥诸事顺意》，塑造了一位老农乐呵呵地陪着肥壮多产的猪妈妈和一群活泼争食的小猪娃，寓意"诸事如意"……在这里，荷花、莲花、公鸡、小猪娃不只是代表动植物，还代表一种新的所指，一种意义。谐音手法的运用，使广告形象与内容和谐统一，既切题又生动。

（二）中国梦想的形象表现

"中国梦"公益广告对中国梦的解读不是从波澜壮阔史诗般的"国家视角""历史视角"的解读，它以平民的、平视的视角贴近生活，把抽象的政治口号变成具有审美价值的视觉符号，将政治宣传的抽象思维变为形象思维，表达的都是老百姓自己的心声。

天津"泥人张"创作的公益广告作品《我的梦，中国梦》（见图15）一经问世就引发了社会各界的强烈反响。广告作品中塑造的那个憨态可掬、质朴可爱的农村小姑娘宛如身边的邻家小女孩，红袄红裤，用红头绳扎起两个小发髻，清亮纯净的眼神如一汪清澈见底的清泉，既亲切又大方，具有很强的艺术感染力。其他作品有的是两位老人举着一面自制的国旗（《中国，前进》）；有的展示穿着传统服饰的两个小孩子一边捂着耳朵，一边放花炮（《祖国前头尽是春》）；有的是两童子抚琴吹笛（《善曲高奏》）。虽然这些作品都弘扬了主旋律，但由于视角新颖，以小见大，形象丰富，充满生活气息，令人喜闻乐见。

图15 公益广告《我的梦，中国梦》

(三) 中国语言的通俗表达

广告语言不仅丰富了广告产品的意蕴，而且也增加了广告本身的美感，给人们带来美的享受和愉悦。从审美的角度来看，"中国梦"公益广告讲究语言的对仗之美、声律之美。少则一个熟语，多则十来个文字。如"善曲高奏""和满中华""奔梦路上""有德君子""祝福祖国"；又如"有德人，心光明""人有德，路好走""中国梦，梦正香""劳动，最美的旋律"等。再长一点的有"勤劳人家，春色满园""中华圆梦，满园吉祥""中国圆梦日，该我飞天时""勤劳善良千年戏，奏我演你万家安""万物育，天地位，置中和"。这些文案通俗、简约，平仄交替，以对偶句式居多，在句式变化上富有节奏，读起来顺口，具有很强的美感。

"中国梦"公益广告文案的另一特色是广告文案的"诗化"。"诗化"的广告文案就是将中国传统的文化融入广告文案创作，在创设意境、增强沟通、形成风格时有独特功效，是对传统文学艺术的创新利用，实现传统人文情怀与政治传播的有机结合。[①] 有的"中国梦"公益广告文案含蓄、优雅，既有着古典诗文的韵律，又有现代白话诗的通俗流畅。如《我的梦，中国梦》文案："始信泥土有芬芳，转眼捏成这般模样。你是女娲托生的精灵，你是夸父归日的梦想。让我轻轻走过你的跟前，沐浴着你童真的目光，让我牵手与你同行，小脚丫奔跑在希望的田野上。"诗中引入"女娲造人""夸父追日"的神话传说，又化用20世纪80年代脍炙人口的歌曲《在希望的田野上》。《中华文明，生生不息》配诗："走过了很多地方，见过了地老天荒。而今策马回望，泪水新诗两行。中华民族根千丈，历经苦难又辉煌。"六行文案浓缩了人民对国家、民族的热爱，读起来意境悠远，令人回味无穷。

[①] 潘娜：《"诗化"的语言在广告文案中的应用》，《工会论坛》2010年第7期。

三 "中国梦"公益广告话语叙事

(一) "中国梦"公益广告叙事主题

1. 农本思想

自古以来中国以农立国："农为天下本务，而工贾皆其末也，"《荀子·富国》也说："田野县鄙者，财之本也。"甚至连"后稷稼穑""大禹治水"的远古传说也体现了农业生产在以土地作为赖以生息、繁衍和发展基础的中国社会中的重要作用。农本思想构成了几千年来中国传统农耕文明和农业社会的基本底色，起到了"固本强干，富民教化"的功效。即使是迈入现代化社会的当代中国，农民问题与粮食问题一直也是党和政府的工作重心。"中国梦"公益广告不少作品和农业有关，用农民画的形式强调粮食的重要性，展示了五谷丰登的丰收场景。如《一顿饭一年忙》《珍惜粮食，辛苦得来》《手中有粮心里不慌》《汗水粮食》《粮食命根子》。

2. 家国观念

国与家，是中华民族精神赖以生存的基础，家国意识是民族意识的本源。[①] 家国同构造就了中华人国家至上的观念以及民族心理上的文化认同，使中华民族具有强大的凝聚力。数千年来"家国同构"的组织结构深深根植于中国社会结构之中，深刻地影响着中国文化，包括占主导地位的意识形态等诸多领域。从"修身、齐家、治国、平天下"的个体目标，到每逢国家生死存亡之际仁人志士"先国而后家"的政治伦理准则，无不是家国一体的真实写照。公益广告作品《有国才有家》和《大德曰生》是阐述国与家关系的典范。作品《有国才有家》把国与家的关系表现得如此亲切：两个小鸟在树枝高处相互依偎，等待着即将觅食归来的母亲。他们所依凭的"家"，是树枝上的巢穴，更是枝蔓蜿蜒、挺拔高大的树。作品《大德曰生》借用《周

---

① 南来苏：《论民族精神的本源：家国意识》，《浙江树人大学学报》2012年第1期。

易·条辞传》"天地之大德曰生"之句，表面讲天地之间最伟大的道德是爱护生命，同时也传递出"一生二，二生三，三生万物"的更深层寓意。

3. 优秀道德

道德观是价值观的重要组成部分。在中国传统文化中，孝道维系着家庭伦理秩序，构筑了国家道德基础。弘扬优秀道德是公益广告传播的题中应有之义，是"中国梦"公益广告的核心诉求点之一。对内，有助于弘扬社会社会主义核心价值观，为解决当前较突出的社会问题提供思想支持；对外，有助于扩大文化认同，形成具有舆论影响力和国际竞争力的中国话语。仁、义、礼、智、信、恕、忠、孝、悌等传统儒家思想在"中国梦"公益广告中都有不同程度的体现。例如，表现"孝"的作品有《当代中国二十四孝》《代代孝辈辈福》《孝聚祥瑞》《慈母恩深》《孝感天地万物春》。《孝聚祥瑞》展示了已经成年的孩子给老母亲洗脚的画面。那份化不开的浓浓亲情，令人感动不已。当前我国已进入老龄化社会，家庭养老占据主导地位，子女孝顺与否关系老人福祉，公益广告中知恩报恩、孝老奉亲的榜样示范无疑有助于树立民间风尚。

此外，在中国社会价值观里，极大推崇"善良"的德行。"善良"是中国人奉行的做人基本准则，所谓"种善得福""积善之家有余庆"就是"善良保平安"的意思。这些作品有《中国少年仁心大》《仁慈心中国人》《中国梦之仁爱》《仁爱之心泽被万物》。其中，作品《当好人，有好报》的标题文案来自古往今来中国人朴素的价值观，是中国人自勉自励的一种人生信条。它热切地回应了当前社会人人惶恐当好人，老人跌倒怕被讹，不知该不该扶的现象。另一个作品《大善中国人》引用了传统民间习俗六月六吃焦馍、给蚂蚁过生日的故事，由受蚂蚁恩惠，对蚂蚁的感恩衍生出对万物生灵的关怀关爱。

(二)"中国梦"公益广告话语叙事维度

十三亿人的"中国梦"在公益广告中如何阐述？一方面，从个体角度而言，"中国梦"是多元的。每个主体都有自身独特的梦想，十三亿中国人民可能有十三亿个"中国梦"；另一方面，单个人在不同时期、不同历史发展阶段，面临不同实践主题可能有不同的"中国梦"①。如何整合众多具有独特性的多样化"中国梦"，这是创作"中国梦"公益广告的关键。如果仅关照个体，缺乏从国家、民族层面对"中国梦"做整体、宏观的表述，必然导致公益广告主题松散，关联度不高，缺乏深度；然而放弃对个体追求自身梦想的尊重，单纯强调国家梦、民族梦，又会陷入政治类公益广告一贯以来宏大叙事，缺乏生命力的误区。"中国梦"公益广告采用了民族—国家、个体—国家两种叙事维度。

民族—国家叙事维度。"中国梦"是民族国家背景下的意识形态话语系统，"中国梦"公益广告首先采用了民族—国家框架下的宏大叙事模式。如果把"国家"置于近代历史时空，必须将民族—国家考虑进来。毕竟现代国家迄今为止还是民族国家。根据马克斯·韦伯的表述，"民族"的政治走向即是为国家主权提供合法性依据。②霍布斯鲍姆也曾说："民族并非天生的一成不变的社会实体，它的建立与现代基于特定领土而创生的主权国家息息相关。"③虽然中国早已形成了"多元一体"的史实，但"中华民族"却是在20世纪西方列强入侵造成国家整体性危机，各民族共同对抗外辱的背景下出现的，也正是中华民族共同体的建立标志着"天下国家"的文化中国转向"民族国家"的政治中国。当前，理论界对"中国梦"的解读不尽相同，对其概念的内涵和外延认识也不尽一致，但其基本基调和核心内容是无异

---

① 张明：《"中国梦"的特征、价值导向与实现路径》，《新疆师范大学学报》2013年第7期。
② 徐迅：《民族主义》，中国社会科学出版社1998年版，第34—35页。
③ 颜英：《现代性悖论与全球史观——论霍布斯鲍姆的民族主义研究的特点与价值》，《理论与现代化》2012年第5期。

议的:"中国梦"的核心是实现国家富强、民族振兴与人民幸福。作为中华民族伟大复兴的"中国梦"凝聚了几代中国人的夙愿,体现了中华民族和中国人民的整体利益。因此,"中国梦"公益广告首先采用民族国家话语叙事模式,凝聚中国力量弘扬中国精神。例如《华夏一家亲,同是圆梦人》通过剪纸造型再现了五十六个民族的生活场景,着力塑造和睦相处的民族大团结景象。不同民族成员既确认了自我民族身份和文化特质,也加强了多民族国家认同,形成民族与国家之间良性互动。同时,"祖国""国家""民族"(特指中华民族)常交织在公益广告叙事中,"中华民族""华夏民族"超越了狭义的"民族"概念,成为与国家同义的政治符号。例如《中华圆梦万马奔腾》:"山呼海啸风,动地起宏钟。千古华山月,万里箭张弓。中国梦,民族复兴,气势壮如虹。"当民族成员与中国被描述为一个命运共同体时,既消解了个体属于某个具体民族的身份,又伴随着民族政治精神弘扬。另外,"中国梦"公益广告竭力塑造政党形象。中国共产党作为中国的领导核心和实际治理者,代表中华民族提出了"中国梦"理念,实现"中国梦"离不开党的领导。在《中国何以强,缘有共产党》中,丰子恺的漫画被赋予了新的意义:"春来野草芳,春叶挂新杨。春衫写春意,春问有文章:中国春常在,缘有共产党。"一位女子手拿书本立于绿柳之下,正为孩子答疑解惑,象征共产党带领中国走向春天,春天景色象征着中国共产党领导下的国家欣欣向荣。《童心向党》作品中一个身穿红棉袄的小女孩笑靥如花,正在端详手中的向日葵,配以文案:"春风笑脸两相问,只因阳光在心中。"金灿灿的向日葵花盘中一颗颗种子紧紧相连,寓意孩子和向日葵一样,心向太阳,向着党。还有一类作品侧重回溯革命历史,再现中国共产党领导人民风雨兼程的历史画面。例如《圆梦路上共产党人》:"脚链、手铐/疾风,劲草/圆梦路上的共产党人,山可撼地可摇/热血春花写今朝";《圆梦起航》:"你双桨摇动的那一刻,就注定了伟大与辉煌/走过百年风雨,共产党人旗帜高扬/哦,红船,中国梦起航!"回溯革命历史不仅是为了说明党的历史延续性,更是为了阐释其在一脉相承的历史过程中的定位。

个体—国家叙事维度。在中国历史上,个体与国家的关系一直是以国为本,以国为先。顾炎武曾说:"天下兴亡,匹夫有责";林则徐也有言:"苟利国家生死以,岂因祸福避趋之。"忠国之志、爱国之情、护国之举是衡量个体是否具有道德理想的价值判断标准。但是宗法社会个体与国家的关系是单向的,即只强调个人对国家的责任与义务,而常常忽视国家对个人的责任和义务,个人为君王之天下不惜肝脑涂地,但君王却"荼毒天下之肝脑,离散天下之子女,以博我一人之产业"①。而在当代社会主义国家,人民是国家的主人,是国家的建设者,国家在经济、政治、文化等领域的发展为公民个体价值实现提供切实保障。因此"中国梦"公益广告对"中国梦"的解读不是从波澜壮阔史诗般的"国家视角""历史视角"的解读,它以平民的、平视的视角贴近生活,既有国家层面的宏观叙事,又将个体命运置于民族复兴的大背景中,赋予其微观层面的情感表达,个体与国家之间形成双向、互动的良性关系,以个体需要驱动对"中国梦"的价值认同。例如《挑着梦想出发》:"挑着梦想出发,担着希望回家;唱着山歌入梦,日子如诗如画。……奔梦路上从容人,心中满开幸福花。"《圆梦路上春意深》画面是鲜花开遍山村,百姓赶集、舞狮,颇有"阡陌交通,鸡犬相闻……黄发垂髫,并怡然自乐"之意;《朝夕奔梦》中茁壮的大树、温馨的斜阳,劳作的农人,展示了一幅美满的农村劳作图。《少年强中国强》则从个人励志上升到民族兴衰:"把书包放在路边,把责任扛在双肩,国脉因你强劲康健,民族复兴少年梦圆。"

"中国梦"是国家民族复兴梦与社会成员的国家民族理想的高度统一,既有"作为社会个体对民族国家话语系统中的宏大'中国梦'

---

① (明)黄宗羲著,李伟译注:《明夷待访录译注》,岳麓书社2008年版,第3页。

观念的认同与意义分享,亦有在现实语境中对个体理想'中国梦'具象化阐释"①。作为中国全面深化改革时期向小康社会进军的思想动员,"中国梦"公益广告成功实现了国家意识形态领域内的集体话语系统概念向社会领域大众话语系统概念的转化,由韦伯所言的"个体对现实互不相关的感觉汇总""分离的个人化知识微粒"转化为一种主体间的广泛共识,从而极大地增强了人民群众对"中国梦"的认同。

第二节 "中国梦"公益广告的话语指向

从前文论述中可以发现,"中国梦"公益广告的话语指向性十分明确,可视为一种有效强化国家认同的政治传播手段,"本质在于构建一种意识形态上的中华民族一体化"②,即建构民族国家认同。对中国公民而言,公益广告诉政治认同和文化认同,以达成赞同性国家认同与归属性国家认同的统一;对海外华人而言,公益广告浓浓的家国情怀和寻根话语,使其在政治身份已归属其他国家时,仍然保持对母国的心理依恋,从而形成极大的国家凝聚力。

一 国家认同与广告权力

国家认同(National identity)是一个政治学领域概念,是国家公民从主观上对自己归属哪个国家的认知判断。国家认同往往和成员对所属国家的历史文化传统、道德价值观、理想信念的认同密切相关。在建构国家认同的过程中,必须要充分意识到价值观的作用和意义。美国学者塞缪尔·亨廷顿指出,态度、价值观和信念,有时笼统地称为

---

① 赵光怀、周忠元:《平民化叙事与"中国梦"的大众化传播》,《当代传播》2014年第1期。

② 王超品:《论"中国梦"与国家认同、文化认同、价值观认同》,《学术探索》2014年第10期。

"文化",作为文化的隐性层面,价值观决定着社会成员的思想取向和行为选择,位居文化认同的核心。当前全球一体化时代,国际各种思想文化的交流、交锋更加频繁,国内的价值观多元化趋势更加明显,形成了各种分离性的力量。"社会的破裂把我们分开,共同的精神把我们凝聚起来。"① 每一个国家和民族都有其赖以支撑的核心价值体系,这是社会系统得以运转、社会秩序得以维持的基本精神依托。它不是一种明确的命令和有意识服从的专断性权力,而是以一种无意识的分散的方式渗透到所有个体潜意识中的散漫性权力。② 树立和完善国家核心价值体系,是维护统一的社会形态和统一的思想文化的前提和基础。社会主义核心价值体系是社会的方向盘、国家的稳定器,它不是对人们观念领域的一般价值形态做简单的凝练,而是表征着我国人民的价值诉求,指引着社会前进的方向,并对整个社会的道德规范、时代精神起到引领的作用。中国国家意识形态建设必须以社会主义核心价值体系为核心,才能使社会成员摒弃民族、职业、阶层等方面产生的观念分歧,使其对国家的政治、经济、文化和社会制度达成最广泛的社会共识,才能维护国家共同体的团结和稳定。"只有那些共享的价值观、象征符号以及彼此接受的法律—政治秩序,才能提供必要的、广泛流行的合法性:顶层的一致协议和国际上的承认,都不足以构建或确认一个国家。"③ 基于上述原因,许多国家都将公益广告用于民众价值观引导、国家认同塑造。即便是商业广告最为繁荣的美国,也早在第二次世界大战期间就开展了大量的公益广告活动,通过公益广告的力量激发民众的爱国情绪,制造参战舆论。1941 年珍珠港袭击事件发生后,美国放弃了孤立双边主义的幻想,参加反法西斯战争。为服务战时国家需要,美国成立了战时广告理事会(WAC, the War

---

① 廖小平:《论核心价值的价值》,《浙江社会科学》2012 年第 10 期。
② 王伟光著,潘维、廉思编:《中国社会价值观变迁三十年》,中国社会科学出版社 2008 年版,第 79 页。
③ [俄] 瓦列里·季什科夫:《苏联及其解体后的民族主义及冲突——炽热的头脑》,姜德顺译,中央民族大学出版社 2009 年版,第 465—466 页。

Advertising Council），"通过广告去告知、阐明、劝说，从而帮助国家赢得战争的胜利"①。战时广告理事会制作了大量兵员招募、严守机密、支援盟友、购买国债等内容丰富、主题鲜明的公益广告，"运用一切可以运用的渠道，将信息传递给人民，帮助政府打了一场伟大的战争，同时保存了民主，使国家免于集权"②。时隔50年，2001年"9·11"恐怖袭击事件发生后，美国再一次运用公益广告鼓舞民众士气，不仅在全美最昂贵的《纽约时报》刊登整版广告表达了"我们永远与受难者紧密联系"的休戚与共的共同体精神，还拍摄了电视公益广告《我是美国人》，片中不同年龄、种族和信仰的人一起宣称"我是美国人，我们共享美国的民主、平等的精神"，达到了国家认同塑造与核心价值理念传播的双重目的。

由此可见，在当代社会中，广告并不单纯建构了人们的消费观念，作为"权力的权力"③，也承担着国家意识形态的表达。所谓权力，在西方语义里指做某件事的能力，类似于英文"power"或是指意识、法令权威。中国几千年以来封建专制的历史造成了权力这个词在汉语意义中兼有以上两种含义，甚至更偏向后者。当前社会学领域的权力理论有马克思主义、韦伯社会学理论和经典精英理论三种不同研究范式。④ 其一，权力是一种资源，运用权力就是运用资源达到某种目的的过程。伯恩斯认为"权力＝动机＋资源"，"无论从任何方面和内容来讲，权力的基本作用都是一样的。当权者用他们的权力基础内的资源来实现他们的动机，其他人的动机和资源依靠他们行使的权力来实现"⑤；其二，权力是社会系统意图和行为的反映；其三，权力是一种

---

① 刘洪珍：《论公益广告机构在危机时期的作用：对美国战时宣传的分析》，《国际新闻界》2013年第11期。
② 同上。
③ 张殿元：《政治经济学批判：广告传播研究的另类视角》，《浙江大学学报》（人文社会科学版）2006年第1期。
④ ［澳］沃特斯：《现代社会学理论》，杨善华、李康等译，华夏出版社2000年版。
⑤ 陆德山：《认识权力》，中国经济出版社2000年版，第10页。

观念、意志，权力与话语之间存在密不可分的依赖关系。这里所提出的广告权力，结合了第一种和第三种范式，即广告权力是权力主体凭借权力资源以达到对受众观念的控制。公益广告是媒介系统与影像符号系统结合的产物，而媒介系统又受国家政权控制，国家必然拥有公益广告内容生产的话语权，公益广告成为一种权力性资源的生成方式。因此学者李健在《"诗意"广告：话语符号建构的视觉政治》一文中将广告视为"视觉政治"[①]，认为广告场域内经济话语、性别话语、政治话语三种话语形态复杂共生，"公益广告以政治话语明确表明自己的文化立场，并与'消费神话'文化逻辑构成间歇性'对峙'关系"。也就是说，国家及相关机构凭借掌握的社会事务管理、媒介管理方面的权力资源控制公益广告议题，制定发布相关条例、公益广告管理法规，为价值主体提供判断标准和价值方向，进而推动民众对国家认同。

二 "中国梦"公益广告建构国家认同

国家认同本质上是一种多维概念，政治认同和文化认同共同构成国家认同框架，创造了公民对国家饱满的赤诚。"中国梦"公益广告以社会主义核心价值观为内核，引领整个社会主流价值观导向：通过建构政治认同，召唤国人拥护社会主义基本制度、执行党和政府的政策；通过建构文化认同，从精神维度上回答"我们"归属何种群体，确立个体的价值判断和道德选择。

（一）政治认同建构

现代国家集历史文化共同体和政治共同体于一身，但相对于民族历史及其产生的民族国家而言，现代国家更具有浓厚的法律色彩，强调要以合法武力的垄断与行政机构的设置建构政治法律秩序，保障主权不容侵犯。"从这个意义上说，政治认同在国家认同中居于关键地位。"[②]

[①] 李健：《"诗意"广告：话语符号建构的视觉政治》，社会科学文献出版社2013年版。
[②] 吴玉军：《国家认同视阈中的社会主义核心价值体系》，《中国特色社会主义研究》2011年第8期。

"在政治说服体系里,制造权力认知的权力直接依赖于通过展示宣传讲解权力的工具的效能。没有新的传播方式,就不能抓住最活跃的受众。"① 林德布洛姆也指出:"说服与训导是建构认同的重要路径。权威的象征并非枪杆,而是词语。"② "中国梦"公益广告在引导、巩固和强化人们形成政治认同方面发挥着至关重要的作用。它以最新大众媒介为载体,以各种象征符号和比喻、隐喻等修辞形态建构了一种具有柔性界面和弹性的话语空间。这些能"唤起钦佩和热情,强化信念和忠诚的情感和认同符号"③ 已具备政治象征理论代表人梅利亚姆所提出的感性政治的某些要素。

按照戴维·伊斯顿的观点,民众之所以支持、认同政治系统是因为"政治系统的输出满足了其成员的需要"④。"中国梦"公益广告以共同目标、情感以及对社会愿景的时空想象,将个人追求的特殊利益与国家的普遍利益相联系,激发民众为中华民族复兴大业的奋斗热情和信念,同时宣传执政党的执政意图和执政目标以及纲领、政策、政治主张,反复呈现建党以来共产党领导人民风雨兼程的历史画面,使党获得更广泛支持,形成政治认同的心理基础。在政治认同的核心对象价值认同方面,"中国梦"公益广告以形象化的手法表现社会主义核心价值观,它蕴含着社会至高理想、指明了社会行为的基本规范。总之,"中国梦"公益广告以核心价值观为引领,建构了从利益认同到制度认同再到价值认同的整个政治认同体系。

(二)文化认同建构

人们分享共同的历史记忆、文化习俗并形成对某一共同体的文化

---

① [法]罗杰·夏蒂埃:《法国大革命的文化起源》,洪庆明译,译林出版社2015年版,第123页。
② [美]查尔斯·林德布洛姆:《政治与市场:世界的政治经济制度》,王逸舟译,上海三联书店1992年版,第49页。
③ 同上。
④ [美]戴维·伊斯顿:《政治生活的系统分析》,王浦劬译,华夏出版社1999年版,第133页。

认同是增强国家认同的重要力量。吴玉军教授指出，建构文化认同对国家认同具有两层意义：其一，共享的普遍文化价值观能增强"多元一体化"格局中社会成员对公民身份的认同，可以有效地抵制民族国家内部的各种分离倾向和分离力量；其二，通过建构一种与其他民族国家相比具有独特性的文化价值体系，并在差异化的比较中充分彰显"自我性"，可以增进国家成员的自豪感，进而有效地抵制外部不良文化的侵蚀。① 公益广告充分展现文化的延续、继承和发展性，在文化认同方面作用显著。

1. 社会关系调适

"在技术发展的每个阶段，占统治地位的媒介和占支配地位的思想之间的相关性都可以理解为是一个社会的文化技术与政治技术之间的现行衔接。"② 国家生产具有文化认同特性的公益广告与广大公民产生活跃的文化互动，与生存在这片文化土壤下的公民产生深刻的联系，这种联系既包含着对社会问题的深入思考批判，也包含着对高尚美德和良性人际关系的弘扬。社会互构理论认为，个人是现代社会的终极主体，个人行为关系着社会行动的秩序；反过来社会行动的秩序又推动了人的主体性的提升。公益广告从国家层面为共同体成员在社会主义市场经济条件下交往、协作提供了评价标准，成员把国家赋予的各种文化意义内化，并与自我赋予的意义比较，从而在个体与社会"互构共变"过程中完成社会交往关系的调适。③

2. 建构社会价值体系

美国社会学者帕金森认为，在社会系统中，行动者之间的关系结构形成了社会系统的基本结构，意义、文化、价值系统具有"潜在模

---

① 吴玉军：《国家认同视阈中的社会主义核心价值体系》，《中国特色社会主义研究》2011年第8期。
② ［法］雷古斯·德布雷：《普通媒介学教程》，陈卫星、王杨译，清华大学出版社2014年版，第349页。
③ 郑杭生、杨敏：《社会互构论：世界眼光下的中国特色社会学理论的新探索——当代中国"个人与社会关系研究"》，中国人民大学出版社2010年版，第536页。

式维持"的功能。从中国近代以来民族国家建构历程来看，民族文化、历史传统等要素连接国家共同体过去、现在、未来，社会成员对共有信仰、价值观、文化的认同，是维系国家认同的重要纽带。公益广告倡导的爱国主义、团结统一、爱好和平、勤劳勇敢、自强不息的民族精神，各民族和睦相处、友好相待、休戚与共的优良传统都与中华民族世代传承的文化精神相吻合。以上价值观念在当前社会转型和全球一体化背景下无疑具有提高共同体成员对公民身份的认同、维护国家稳定的作用。① 另外，公益广告的文化价值观念传播是建立在一定的表现形式基础之上的。公益广告中的中国元素富有深厚的审美价值，有助于弘扬中国优秀传统文化，维护国家文化价值根基，也有助于对外彰显我国文化发展水平，塑造文明、负责的大国形象。西方发达国家对公益广告接受度很高，用公益广告推广社会主义核心价值观，扩大中国的国际影响力，是增强当代中国国家认同的一种现实性策略。

3. 民族文化的传承发扬

作为一种被持续生产并且一直处于变迁中的身份认同方式，国家认同需要"借助共享的传统，借助对共同历史和遗产的认识，才能保持集体认同的凝聚性"②。毕竟从本意而言，认同即是求同和辨异的过程。独具特色的节庆仪式和民族符号承载了民族国家的历史文化记忆，它们"深蕴着中华文化的层层积淀，是五千年文明史中的一段历程、某个片段的升华和折射，堪称是无数前哲先圣巧思佳构的创造转化"③，无论是"中国梦"广告选取的河北蔚县、承德、山西运城剪纸，天津"泥人张"泥塑，陕西户县、安塞、宜君的农民画，还是春节晚会公益广告中经常出现的红灯笼、糖画，都是民间百姓在长期的

---

① 吴玉军：《国家认同视阈中的社会主义核心价值体系》，《中国特色社会主义研究》2011年第8期。
② [美]戴维·莫利、凯文·罗宾斯：《认同的空间——全球媒介、电子世界景观与文化边界》，司艳译，南京大学出版社2001年版，第97—98页。
③ 赵东玉：《中华传统节庆文化研究》，人民出版社2002年版，第209页。

劳作和生活中，为了满足生活和审美需求而创造的艺术形式，蕴含着丰富的文化含义。这些符号一旦被植入广告文本，便具有了霍布斯鲍姆所描述的"被发明的传统"的意义，特别是在春节晚会电视公益广告中，典型的中国式身份标识符号更是充当了国家识别的象征，使得国人在感情和心理上趋同，既确立"我们是谁"，即国家成员的群体身份，又通过此类符号强调与"他者"的差异，并在这种差异中进一步强化自我认识。"我们"是一个"想象的共同体"的认同性经验便不断生产出来。

三　"中国梦"公益广告：以文化认同建构政治认同

（一）文化认同与政治认同的关系

需要强调的是，"中国梦"公益广告的文化认同不是孤立的，理解公益广告的文化认同建构必须建立在政治认同的背景之下。文化认同具有心理稳定、价值指引、思想支持等功能①，国家以公益广告建构文化认同，其目的正是维护社会稳定、巩固国家秩序，通过塑造民族凝聚力进而形成国家凝聚力。"任何统治都企图唤起并维持它的合法性信仰。"② 中国传统文化中蕴含的"和谐大同""家国天下"的价值理念既是文化理念，也是政治理念，国家在公益广告中弘扬这些价值原则隐含着为政治合法性寻找依据准则的意味。每一个国家政权都试图通过政治意识形态的灌输以论证其统治权力的合法性，但是政权统治者并不能随心所欲地编制和支配政治意识形态的内容。哈贝马斯的政治合法性"社会文化系统论"认为，"合法性意味着某种政治秩序被认可的价值"③，政治秩序背后的"价值"不在政治系统的内部，而是建立在宏观的社会文化基础上，是经过长期历史实践充分检验，

---

① 吴玉敏：《马克思主义大众化与当代中国文化认同的重建》，《青海社会科学》2010年第1期。
② ［德］马克斯·韦伯：《经济与社会》，阎克文译，商务印书馆1997年版，第239页。
③ ［德］尤尔根·哈贝马斯：《交往与社会进化》，张博树译，重庆出版社1989年版，第184页。

在民众心中已然形成的价值共识,是现实社会文化系统中被认可的普遍价值规范。政治系统只有在特定时期形成的社会价值规范保持相容的状态基础上才能获得统治合法性。① 中国优秀传统文化"既具有稳定性又具有传承性","这种文化基因一旦嵌入国家政权,就能使政权达到内稳"。② 以公益广告中最常见的和谐价值观为例,和谐是中国一个持久而稳定的核心价值观。③ 中国古代各派都推崇"天人合一"。儒家重视人道,认为天人相通,强调推仁爱之心于自然万物。道家主张道法自然,要求人顺应自然规律,在自然、恬淡、无为之中回归于返璞归真的境界。因此,公益广告阐述"天地与我并生,而万物与我为一"的和谐意义不仅是对中国自古以来的文化传统的承继,更是当前建设和谐社会背景下国家层面的价值要求,体现了社会主义的本质属性。再例如,"中国梦"公益广告大力倡导的孝道,也不能仅从狭隘的孝敬父母角度理解。中国古语有云:"移孝作忠""求忠臣于孝子门",但是"孝并不能自发地转化为忠"。④ "中国梦"公益广告就是要在"孝"的基础上进一步对公民进行爱国主义的思想教育,将对父母应尽的赡养、尊敬的义务转化为对国家应尽的责任,培养公民的集体主义观念。可以说,"中国梦"公益广告倡导的政治认同建立在文化认同的基础上,正是它"激发政治资源的情感与意志,藉此上升为共同体的政治信念和动力"⑤,为政治合法性价值提供了驱动力,才使政治认同不至于变成无源之水、无根之木。

(二)广告符号、集体记忆与国家认同

所有的认同都是建构性的,国家认同也不例外。布迪厄在《语言与符号权力》一书中指出,符号具有建构(社会)现实的权力,或者一种促使人们看到或相信某些社会观点而非其他一些社会观点的权力,

---

① 袁峰:《价值认同与当代政治合法性的基础》,《华东政法大学学报》2008年第11期。
② 姚文帅:《文化基因:国家认同价值生成的逻辑》,《学术界》2016年第9期。
③ 韩震:《社会主义核心价值观五讲》,人民出版社2012年版,第67页。
④ 罗国杰:《罗国杰文集》,河北大学出版社2000年版,第427页。
⑤ 詹小美、王仕民:《文化认同视域下的政治认同》,《中国社会科学》2013年第9期。

它既被社会结构塑造,同时也是支配的手段,被进一步用来塑造结构,建立社会世界的秩序。符号以外在可感形式的"能指"和内在意义的"所指"进行意义的建构。"能指"是符号外在的可感形式;"所指"则是符号内在的意义。从符号权力的角度来看,国家认同感的建构就是国家凭借自身掌握的有关知识分类和控制的权力,创造符号、解释符号、革新符号和使符号"物化"的过程。大众直接从公益广告中获取国家事先预设的意识形态,接纳广告中的主要符号及其所要表现的意义,并利用编码时的参照符号来进行解码,从而将这些符号用于民族国家想象的建构之中。

公益广告利用符号建构国家认同的常用手段是集体记忆的唤起。莫里斯·哈布瓦赫认为,我们认为相当"个人的"记忆,事实上是一种集体的社会行为,囊括了一个群体过去全部经验(实物、实践、知识、情感等各方面)的心理反映形式。家庭、家族、国家等社会组织或群体都有其对应的集体记忆。[①] 康纳顿则更进一步指出,记忆不只停留在语言与文本中,博物馆、纪念碑、文化遗迹、歌曲、公共节日都是一个国家延续记忆的文化载体。公益广告的制作过程和传播过程决定了公益广告属于一种集体活动,所塑造的集体记忆兼具哈布瓦赫集体记忆理论"沟通记忆"和康纳顿"文化记忆"的特征。同时,公益广告善于以场景化传播营造"记忆的场",许多公益广告都直接根据现实生活中的真实故事改编,带有社会互动性的场景及传播行为塑造了受众记忆,受众很容易在春节、阖家团聚以及其他观看公益广告的时刻唤起个体的回忆。

但公益广告所展示的,又并不是单独个体记忆的集合,它融合了文学、绘画、音乐、电影等多种艺术形式,将记忆凝聚为影视广告几十秒的视频或平面广告的一个瞬间,以艺术再现的表现方式形成一种"凝聚性文化结构",塑造了无形的"想象认同空间"。在时间层面上

---

① 李友梅:《重塑转型期的社会认同》,《社会学研究》2007年第2期。

回顾过去，不断重现过去并与现在连接；在社会层面上，以集体记忆唤起社会成员对共同的价值体系和行为准则的认同。认同其本意即指独特、与他人不同的特征，这种特征大都在历史中形成，并且也只有通过记忆，认同才能维持其意义并向后代传递。民族国家的各种神话传说、历史故事、历史传统都是公益广告建立历史记忆和空间想象的素材，可以体现中国这一国家共同体生生不息、绵延不绝的历史延续性，赋予国家政治共同体一种真实感、一体感，以及政治共同体成员在历史进程中的方向感和安全感。① 此外，公益广告以"特定的方式激发起人们内心世界的崇高感"，表现近代中国人民反抗侵略前仆后继的场景或再现重大社会历史事件，都可视为赋予国人强烈的国家自豪感及再创辉煌的历史使命感的必不可少的集体记忆，无论是辉煌的崇高，还是悲壮的崇高，都是国家认同建构所必需的。②

第三节 "中国梦"公益广告传播优化策略

"中国梦"公益广告作为一种特殊的全新的政治传播，坚持了"中国梦"的人民性，在新的历史条件下实现了由教化性向亲民性转变，由纯政治性向政治文化结合转变，由抽象化向形象化转变。未来"中国梦"系列公益广告可从以下三个方面进一步提升。

一 注重广告表现的艺术性

广告是通过创意符号的横组合与纵聚合两个方面产生意义的。横组合是符号直接呈现的意义，它是显性的、现成的，纵聚合关系则是隐性的。即创意符号的横组合之间产生广告所要传达的逻辑意义，纵聚合方向才能产生联想、隐喻、象征等具有意蕴的意义。然而部分

---

① 殷冬冰：《论国家认同的四个维度》，《南京社会科学》2016 年第 5 期。
② 吴玉军：《论国家认同的基本内涵》，《中国特色社会主义研究》2015 年第 1 期。

"中国梦"公益广告作品，示意直白，叙事宏大、文案单调，一堆的文字、图片旁点缀一句老掉牙的文案："唱支山歌给党听""高歌一曲颂党恩""共产党好，百姓乐""共产党好、社会主义好、改革开放好"。更有个别作品如《德耀中华·申纪兰篇》，仍像20世纪五六十年代政治宣传画的翻版，画面既有剪纸剪出的"德高望重，终生奉献""申纪兰"十一个字，还有"德耀中华"的广告文案，揭示属于"当代中国二十四仁"广告主题的文字，各种元素让人眼花缭乱，形式死板僵硬，缺乏打动人心、催人奋进的语言。横组合元素没有创意，自然难以挖掘纵聚合方向的联想空间以及隐喻、象征等深层意蕴。这类作品只不过履行了公益广告作为宣传的话语功能，传播者期望的传播效果也就无从谈起。

俄国形式主义"陌生化"理论认为，美感产生自对寻常事物的"反常化"。具有陌生化效果的形式就是永远在生成意义的载体，旧的意义在陌生化中碰撞形成新的意义，而它们所附着的经验情感便随着它们的更新而更新。① 广告大师詹姆斯·韦伯·扬也说，一切创意不过是旧元素的新组合。各类知识（认识、经验及技巧）以及日常生活中的一般知识为"旧元素"。利用这些人们熟悉的基本材料挖掘出新的内涵，以陌生的方式进行新的组合，可使受众对广告产生认同与共鸣。因此，"中国梦"公益广告在进行广告创意时，应注重打破广告符号能指和所指的对应关系，以增强广告的艺术性。

另外，增加故事性，也是提升"中国梦"公益广告艺术性的一种有效方法。观点性的意见经常会遭遇抵触，故事是缓解抵触心理、增进沟通的桥梁。中国公益广告已从过去说教式的宣传发展为成熟的故事叙事，但在"中国梦"公益广告创作中，却常缺乏将政治话语转化为广告话语（故事情节）的能力。故事来自生活，"中国梦"公益广

---

① 杨帆：《陌生化，或者不是形式主义——从陌生化理论透视俄国形式主义》，《学术界》2003年第3期。

告应立足当前的多维现实,关注现代化、全球化进程中的中国模式、中国价值、中国道路①,从而观照转型社会里个体人的精神世界,从生活中寻找素材。例如,中央电视台春节公益广告《梦想照进故乡》讲述三个普通人的真实故事:为了留住外出打工的丈夫,陕北农村主妇在家养鸡,"幸福就是一家人能在一起吃饭";为了守护母亲与爱人,云南的退伍军人重新打理家乡废弃的橘园,"最甜蜜的滋味就是用同一块土,养大下一代人";为了反哺家乡,农村大学生重返家乡献身教育,"山村把我养大,我能再把山村养大,一生都快乐!"乡情与亲情、梦想与拼搏交织在返乡创业、乡愁的时代背景下,折射出"中国梦"的现实映象。随着场景传播、社会化媒体的进一步发展,运用互联网思维,挖掘社交网络上的故事为"中国梦"公益广告提供故事原型将是一个有效手段。

二 提升创意元素的现代性

"中国梦"公益广告创意符号取自传统剪纸、版画、年画、漫画、泥塑、陶俑等中国元素,是将中国优秀传统文化艺术与"中国梦"时代精神结合的有益尝试,但这些中国元素均属于民俗,而民俗多是中国农耕文明的产物,仅用民俗艺术作为代表性创意元素宣传"中国梦",在表现形式方面难免过于传统。如公益广告《中国日日新》配图是金榜题名,公益广告《百姓心向共产党》配图是百鸟朝凤。再有,"中国梦"公益广告作品多使用农作物、家禽、民间小吃、村舍房屋、童子、喜鹊等符号,描绘的多为农民辛勤劳作、男耕女织、民俗食品与活动、节日活动与民间游戏,既少有利用现代化生产工具进行农业生产的情景,也没有农民工在城市生活的情景。这种乡村田园式的农村生活不足以表现出国际化、现代化、信息化的中国形象。

"中国梦"传播需着眼于活力、创造力、创新力。"中国梦"广告

---

① 李成:《"讲好中国故事"需要四个转向》,《中国记者》2016年第5期。

植根于深厚底蕴的民族特色，也随着时代发展与时俱进，应在具有鲜明中国特色的基础上，用现代化的艺术形式和时代感强的新元素表现民族特色、民族精神。譬如北京奥运会会徽"舞动的北京"，设计者融合了传统篆刻、中国红、汉字、原始舞蹈、写意中国画形式相融合，那跃动的"京"字象征着中华民族生生不息、锐意进取的"天行健，君子以自强不息"的生存哲学，令观者无不叹服。另一个"中国梦"公益广告《少年强》（见图16），采用版画形式，图像、字体抽象化，风格完全颠覆了中国文明网发布的官方版本。再譬如公益广告《塑书悲帖》（见图17），通过传统书法形式呈现公益主题，形成全新视觉效果。"中国梦"公益广告有没有可能像上述公益广告那样，用更丰富的传统艺术形式来进行创意表现？能否在农民和手工业者的创作群体外，吸纳更多的艺术创作群体？能否将"中国梦"更具象化，以更多元化的视野增强"中国梦"公益广告的感染力？这些都值得日后深入探索。

图16 "中国梦"公益广告《少年强》

图 17 公益广告《塑书悲帖》

三 拓展传播渠道，创新传播形式

总的来说，"中国梦"公益广告媒体投放呈现出"二多二少"的特征。第一，平面媒体广告多，影视、网络媒体广告少。关于"中国梦"主题的户外广告、报纸广告铺天盖地，而网络媒体、手机媒体只是阶段性传播，在中宣部、中央文明办开展的"圆我中国梦 传播正能量"的公益广告网上传递活动阶段，采用专栏展示、新闻报道、微博转发的形式，动员人民网、新华网、中国文明网、光明网、中国经济网等新闻网站和新浪、搜狐、网易、腾讯这些门户网站共同参与。活动一结束，网络传播就偃旗息鼓了，只能在中国文明网上看到比较全面的作品。利用手机报、彩信、电子书、屏保等移动媒体形式进行"中国梦"公益广告传播的数量更少。而且网络广告和手机广告的内容基本都是平面广告的翻版，没有根据媒介形态进行针对性设计，更谈不上创意，导致"中国梦"公益广告多为单向传播，和受众互动较少。以"中国梦"公益广告中人气较高的"梦娃"公益广告为例，在其传播的三年时间里，仅收获 1625 条新浪微博提及数[①]；第二，大众传播多，分众传播少。中国受众碎片化趋势明显，各阶层出现了显著

---

① 纪德君：《新媒体环境下社会主义核心价值观公益广告传播》，《新闻界》2016 年第 14 期。

的分化，除了农民，还有都市白领、知识分子、企业家、学生、工人，农村受众和城市受众的知识水平、审美水平不一致，一些较为直白或乡土气息浓厚的"中国梦"公益广告发布在广大农村是适宜的，但以完全相同的传播内容和类似宣传画的形式出现在城市的公交车候车亭、地铁和机场等场所，恐难引发文化水平程度较高的受众共鸣。

当前，自媒体盛行、娱乐化兴起，新传播时代的广告形式和内容都出现了泛化，"中国梦"公益广告传播需要扭转以传统媒体传播为主的思维惯性，注重表现形态的多元化开发。对倾向于在网络和手机上进行信息选择的青年受众群，可运用动漫广告、H5广告增强对青年受众的吸引力。例如，2015年2月"中国梦·梦娃"便推出了45秒动画公益广告，"梦娃"的动画形象还登上中央电视台网络春节联欢晚会，与主持人在台上互动；2015年9月推出的创业主题动漫公益广告，其中《我创故我在》网络点播量超过20万，相关话题超过1万条。① 也可将一些具有代表性的"中国梦"公益广告符号植入手机游戏或网络游戏或开发衍生品，提高广告的认知度和回忆度。义乌市就曾开展过"摇响拨浪鼓·同圆中国梦"工程，推出一系列"中国梦"公益广告产品，如写着"节俭""德者有余庆"的油瓶醋罐，配着"烈日锄禾图"的塑料米缸，种类繁多，各具特色。在人群覆盖面较广的户外媒体方面，需要结合具体环境进行传播。户外广告不是平面广告的扩大版，户外媒体是一种典型的环境媒体，"中国梦"公益广告要通过广告创意、广告内容与户外时空各种环境要素切实关联，打造独特的视觉效果，实现受众对广告的主动关注及体验。唯其如此，才能完成"一个心灵影响另一个心灵"的传播使命，让"中国梦"成为"每个中国人的梦"。②

---

① 初云玲：《从〈我创故我在〉看公益广告的发展》，《当代电视》2016年第1期。
② 窦丽梅：《增强"中国梦"的精神力量——从"公益广告"的传布谈起》，《中国梦：道路·精神·力量——上海市社会科学界第十一届学术年会》，2013年。

畅销书篇

大众文化背景下的中国书业观察

媒介生态学观点认为，生态系统中的每一个子系统都是相互作用，相互制约的。畅销书是大众文化中最受关注的资源之一，它从形式上摆脱了精英与大众的简单二元对立，包含了商业利润和文化内涵双重的价值。本篇以21世纪第一个十年文化传播领域最引人注目的畅销书为研究对象，以传播学视角审视畅销书的整个传播流程。首先，从解读畅销书的内涵入手，以宏观视角分析我国畅销书的传播环境、发展脉络及畅销书传播的基本特征。其次，考察畅销书传播者、受众、传播媒介三大传播要素和畅销书传播模式。其中第二章和第四章论述畅销书传播主体的商业化倾向和信息传播渠道的多极化传播，并引入"把关人"理论阐释职业传播者在畅销书传播流程中的作用。第三章根据畅销书受众调研数据，剖析畅销书受众的特征及其阅读行为、阅读心理。最后，探讨畅销书传播对受众观念、出版生态乃至整个社会文化系统所带来的综合传播效果。

第一章 中国当代畅销书的兴起

自20世纪80年代以来，中国出版业逐步打破了僵化的传统思维，由计划经济转为以市场为导向，追求经济效益和社会效益的统一。1995年出版业将"畅销书"这一西方概念引入国内出版市场，北京开卷图书市场研究所正式开始每月一次的畅销书调查，同期在行业权威报纸《中国图书商报》专版刊登。与此同时，全球一体化背景下大众文化日渐成为中国社会的主流文化。大众文化最根本特征便是消费性、产业化，批量复制同质化的产品，强调实用功利价值和娱乐消遣价值。出版社采用各种营销手段在社会公众中不断造成轰动效应，产生了《学习的革命》《谁动了我的奶酪》《狼图腾》等一批大众畅销书，为出版社带来巨大收益。1999—2001年畅销书在出版社出书品种中仅占1/3，却占全国图书零售总销量的91%、93.44%、95.12%，而且还呈逐年上升态势。① 畅销书的种类、销量，已对整个出版市场规模、发展空间产生深远影响，中国图书出版业正式进入畅销书时代。

第一节 畅销书概念界定

一 研究现状

畅销书属于新生事物，国内对其研究集中在近30年。20世纪80

---

① 刘拥军、戴雷等：《大浪淘沙，谁领风骚》，《中国图书商报》2002年7月16日第6版。

年代初期《读书》杂志社在介绍西方读书现象时，畅销书被当作外来事物偶有提及。20世纪80年代中后期，一波一波的阅读热点带动了图书市场对畅销书概念、特性的广泛讨论。1989年方鸣、陈沙、余亦赤在《畅销书三人谈》一文中，从印量大、时尚感强和内容轻型化三大特征对畅销书概念进行了界定，在一定程度上推动了当时的出版界厘清思想、改变观念。此后销量特征作为畅销书的主要衡量标准被普遍认可。

20世纪90年代初期，各出版社参与市场竞争的意识越来越强烈，对畅销书现象的研究逐步进入多领域交叉研究阶段。首先是对畅销书形成原因的探求。学者伍旭升提出形成畅销书的"三项价值认同"原理，即通过媒体，造成一种舆论，使社会对图书价值产生趋向性认同。刘拥军将推动图书畅销的五大力量归纳为文化市场与流行思潮、媒体、名人、作家和营销。图书出版界还引入市场营销理论，产生了《图书营销学》《现代图书营销学》等从市场营销角度来探讨图书运作的论著，亦有一定的参考价值；其次是从文化角度来梳理畅销书现象。陈幼华、欧阳雪芹等人结合经济体制与社会风尚变迁，折射中国式畅销书的成长和演变经历，李红强以微观视角对比考察"禾林"小说与"布老虎"小说的区别。由于最初的畅销书大多为文学书籍，每一波畅销浪潮均引起文学写作潮流的转向，因此学者们对畅销书的研究也多从文学商品化、审美文化、消费文化等角度对其进行文化反思。总的来说，对某一时期畅销书宣传策略的个案分析多于理论探讨，对文学思潮的批判多于对畅销书传播的解读。

二 畅销书概念界定

"畅销书"（bestseller）一词最早起源于19世纪末的美国，逐渐被英、法、德等欧洲国家使用，并最终演变为现代的"畅销书"制度。国内学者普遍以1895年美国书商杂志社创刊，刊登第一个图书排行榜，作为畅销书的起源。我国最早的畅销书排行榜出现在20世纪90

年代。根据伍旭升《大轰动》一书中介绍，1991 年中国书刊发行业协会成立，同年 9 月该协会以各地新华书店提供的销售数据，结合出版社提供的印数，评出第一批实用科技类的优秀畅销书目。1995 年北京开卷图书市场研究所正式开始每月一次的畅销书调查，并同期在行业权威报纸《中国图书商报》上专版公布，是图书出版业具有较大影响力的畅销书榜。但对于畅销书的概念，学者并没有达成统一的认识，比较具有代表性的观点有：

畅销书就是"销量超过一般情况的书"，或者"销量居于头等的书"。[①]

Best-seller: book that, for a time, leads all others of its kind in sales, a designation that serves as an index of popular literary taste and judgment. [②]

（一个时期内，在同类书的销量中居于领先地位的书，可作为表明公众的文学趣味和评价的一种标志。）

首先，综合畅销书起源和上述定义，可以看出"畅销书"概念的共性：其重点是一个"销"字，即 Most-seller。畅销书销量相当可观，是其他图书销量的数倍或数十倍。销量（经济）维度是定义畅销书概念的出发点，也是业内界定畅销书的首要标准。但仅以销量衡量畅销书又是不全面的，似乎很难充分概括出畅销书的全部内涵。第一，不同环境、不同类别的图书销量有着很大的不同。如"文化大革命"时期的"红宝书"和当前面向市场的教辅图书，尽管销量大，也无法进入畅销书考察的视域。前者带有鲜明的政治色彩，而后者畅销源自受众的特殊需求；第二，即使是完全面向大众出版领域的图书，目标受众市场差异使得图书销量存在很大不同，名人图书动辄销售数十万册，而专业性较强的图书销量达 5 万就十分不易。因此本书认为，界定畅销书必须以大众出版领域同类图书销量为参照，兼顾所在国家和地区

---

① [美] 约翰·苏特兰:《畅销书》，何文安编译，上海文化出版社 1988 年版，第 2 页。
② Encyclopedia Britannica (http://www.britannica.com/EBchecked/topic/63105/test-seller).

的实际情况。各个国家国情不同，对畅销书的销量认定标准并不统一。以美国为例，精装10万册，简装20万册可称为畅销书，而北美畅销书的最低销售量是精装书10万册，纸皮书30万册；法国把10万册视为畅销书的分界线；我国专业性较强的图书发行5万册以上，通俗类图书20万册销量可称为畅销书；其次，笔者认为对畅销书的理解还应从时效维度分析。审视"畅销"的语源，《辞海》对畅销的定义为："1. 货物销路广，卖得快；2. 事物传播得既广又快"。法国著名文学社会学家罗贝尔·埃斯卡尔皮对畅销书定义为："销售很快，在线标图的某个点上销售趋向平稳。"① 也就是说，畅销书虽然追求最大的销售量，但并不是无限时间的销售总量，而是一定时间内取得的最大销售量，其限定词是一个"快"字，即 Fastest-seller。综上所述，本书所指的畅销书是在市场经济条件下，经过出版社商业化运作，在大众出版领域的同类图书中迅速达到较大销售量，为受众主动购买的图书。

第二节 中国当代畅销书的传播环境及传播特征

传播学理论认为，传播必然要依赖一定的环境进行，或者说，它必然要以某种形式存在于一定的环境之中。考察中国畅销书的发展脉络及时代特征，离不开对宏观时代背景的把握。从经济因素看，市场经济的蓬勃发展为畅销书成长提供了深厚的土壤；从文化环境看，大众文化勃兴成为其迅速发展的驱动力。

一 畅销书兴起的社会文化背景

（一）当代中国大众文化的勃兴

大众文化的兴起是中国文化发展史上具有重大意义的事件。作为

---

① ［法］罗贝尔·埃斯卡尔皮：《文学社会学》，符锦勇译，上海译文出版社1988年版，第39页。

一种历史文化形态,"大众文化"最早产生于西方社会,特指以市场经济为运行方式,依赖市场机制运作进行文化生产、流通和消费的文化形态。改革开放后,在计划经济体制向市场经济体制转型的新形势下,来自欧美、港台的大量大众文化产品广泛传播,风靡中国。卡拉OK、迪斯科舞厅空前普及,街头报摊市民报纸与体育、青年、妇女类休闲刊物空前兴盛,以娱乐大众为宗旨的电视剧充斥荧屏……各种立足于感性欲望的文化产品源源不断地进入大众生活,潜移默化的影响、塑造了人们的情感和审美方式,引发了审美活动方式的变革,使当代人的需求发生了深刻的变化:"由需要的匮乏性状态向需要的增长性状态转化;由需要的单一性状态向需要的丰富性状态转化;由需要的本能性状态向需要的文化性状态转化。"[①] 商业利益日益成为文化发展的目的和内在动力,中国的大众文化制作时代来临。

(二)市场机制下图书出版产业化转型

我国的出版机构长期以来一直是"事业单位,企业经营",国家看重出版的社会效益部分,强调它的意识形态功能,忽略了它的经济属性。党的十六大正式提出了文化产业的概念,对出版机构实行改制,改变其性质模糊、职能混杂的身份,除少数公益性、政治性较强的出版单位外,其他都转为企业;改制为企业的出版单位,则建立"产权清晰、权责明确、政企分开、管理科学"的现代企业制度,作为企业主体来参与新一轮的市场竞争。图书的经济效益被明确提出,一些大型出版集团相继成立,网络书店纷纷扩张,图书销售规模和形式发生了很大变化……三十年间,中国图书出版业完成了由单纯的文化事业到商业化再到产业化的转型。多数出版社无国家财政可以依赖,又不像国外出版社那样有出版基金扶持,能够以20%品种带来80%利润并对产业供应链形成多点支撑的畅销书,无疑是助力出版业在市场上突

[①] 李西建:《重塑人性——大众审美中的人性嬗变》,湖北人民出版社1998年版,第39页。

围的关键。

（三）信息化社会浅阅读盛行

伴随着技术的飞速发展，受众获取信息的渠道完全被开发到了极致：报刊、图书等印刷媒介，网络电视、手机等电子媒介……信息以前所未有的力量冲击着整个社会，波涛汹涌，呈浩瀚之势：信息量以 5 年翻倍的指数函数速度急剧增加，其总量已是之前的 100 万倍。身处信息爆炸时代，社会竞争日益紧张，人们的学习、工作、生活节奏加快，活动空间扩大，生活方式也随之发生了改变。都市人再也不可能像古人那样，慢条斯理地研读书本，以求正确认识一切现象，处在一种外在和内在压力之下能做到的，就是用快节奏的工作维持生活，用快餐式的文化消费追求感官的愉悦和享受，获得放松。具体到图书领域，"消费时代享乐的平面化、意义的深度消失和纷乱场景的拼贴意识，深沉影响了人们的阅读方式"[①]。浅阅读、休闲型阅读取代深阅读引领阅读潮流，丰富的文学盛宴光华不再。

（四）图书出版的弱势格局

2016 年中国科协公布的《中国公众科学素养调查报告》显示，除了正规教育，公众获取信息的主要渠道（媒体）选择是：电视 82.8%，报刊 52.1%，人际交流占 20.2%；广播占 10.9%；图书仅占 5.2%。[②] 电视、网络等电子媒介具有可视听的优势，直观、色彩悦目，形象生动，而图书是文字和图片的载体，表现形式的拓展空间相对有限。正如尼尔·波兹曼在《娱乐至死》中所写，文字符号冷静抽象，缺乏美感，受众在阅读的时候，面对的是孤立的文本。印刷媒介先天的劣势使图书消费市场呈现出一种必然的萎缩和竞争弱势。以往单一的、面对书本的传统阅读方式被彻底打破，图书受众被多元化媒体无情地分流。

---

① 毛力：《读书，进入"休闲时代"》，《出版广角》2003 年第 8 期。
② 李群、陈雄、马宗文等：《中国公众科学素养调查报告（2015—2016）》，2016 年 7 月，百度文库（https://wenku.baidu.com/view/4e88e781a45177232e60a289.html）。

第一章　中国当代畅销书的兴起

二　畅销书的传播特征

（一）多元文本类型

大众文化是一种多元文化。大众文化消解了传统的文化边界和文化规则，使得文化变得日趋大众化，跨越阶层的文化共享成为可能，又使文化本身不断分化，呈现出极其绚烂多姿的样态。畅销书领域的受众阅读兴趣、关注焦点在新的社会热点和文化风尚的引导下不断转变，以开卷图书市场监测机构对目前活跃在市场上的畅销书品种监测来看（见图18），畅销品种打破了长期以来纯文学作品一枝独秀的局面，正朝着多元化方向发展。

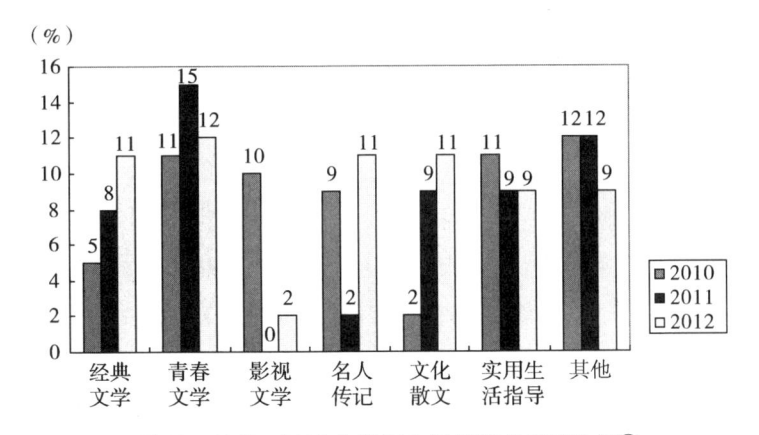

图18　2010—2012年出版市场畅销书类别比例①

虚构类榜单中"青春读物"发轫于1997年《花季雨季》，兴起于2003年韩寒《三重门》的畅销。从《我为歌狂》到《爱上爱情》，从《幻城》到《左手倒影右手年华》，自2001年以来，虚构类图书年度榜首连续多年都是青春类小说。据《中国图书评论》和社会科学文献出版社授权发布的《中国传媒产业发展报告》，仅2004年年度榜首书

---

① 数据来源：开卷图书排行榜（http://www.openbook.com.cn/CategoryDetails/2100.html）。

前五名中就有4个席位是青春文学；2005年前三十名榜单中半数为青春文学。青春文学畅销书又可细分为：面向中学生和女性群体的言情系（代表作家饶雪漫）；幽默又发人深省的轻喜剧型（代表作家九把刀）和文字优美华丽，注重细节描述，以伤感、悲切的爱情故事展示年轻人情感世界的忧郁青春型（代表作家郭敬明、安东尼）。

非虚构类畅销书主要是名人类、历史文化类、实用生活类三分天下。名人类畅销书是大众文化社会的产物。在缺少神性的现代社会，名人、明星就是世俗乌托邦的神，有关他们的文字"不仅可以作为人们庸常生活的调剂和补偿，更能为大多数人解读自己崇拜的偶像"①。起初，名人题材图书集中在政治名人、演艺明星、名企业家的个人传记上，如国务院前总理钱其琛推出的个人回忆录《外交十记》、赵忠祥《岁月随想》、IT明星吴士宏《逆风飞扬》……其中《岁月随想》《日子》《不过如此》销量都达百万册，远高于同期小说销量。此后，受众对名人图书的购买热情有所减退，但名人的经验、情感、轶事，始终吸引着不同阶层民众的探求欲，名人图书依然是较为保险、稳定的畅销类别。近年来，刘晓庆《人生不怕从头再来》、林青霞《窗里窗外》、柴静《看见》等图书表现不俗，《看见》曾在2013年上半年位居"开卷图书排行榜"实体店和网络书店畅销书第一，并连续三年进入"开卷图书排行榜"前五名。

大众文化的勃兴也改变了传统的历史文化类图书高高在上的地位。以2004年10月清史专家阎崇年的《正说清朝十二帝》登上畅销书排行榜为开端；易中天的《品三国》《品人录》《易中天品读汉代风云人物》；于丹的《于丹趣品人生》《于丹：重温最美古诗词》；梅毅的《华丽血时代》；当年明月的《明朝那些事儿》等历史文化类畅销书屡屡上榜。相比之前枯燥、正统的史学著作的精英叙事，历史文化类畅销书学术性较弱，社会性较强，图书内容不一定是作者擅长的，但作

---

① 易图强、肖贵飞：《从畅销书看大众读者的阅读特征》，《出版广角》2007年第4期。

者服从于阅读流行趋势，秉持"为大众书写历史"的观念进行创作①，历史叙述中蕴含着当代人文精神与时代意识，语言、文风、创作思维极具现代性。

同时，畅销书受众毫不掩饰对物质财富的渴望，《你为什么是穷人》《十年一个亿》《富爸爸，穷爸爸》《你动了谁的奶酪》等有较强实用性的经管类、励志类畅销书都一度登上"非虚构畅销书排行榜"。心灵读物《奇幻梦境：一本漫游奇境的手绘涂色书》《人生就是放下：星云大师最新人生开示人性的弱点》像一帖安慰剂，为生活压力巨大、缺乏安全感的受众提供心灵抚慰。此外，自 2003 年洪昭光教授《登上健康快车》热销开始，《求医不如求己》《人体使用手册》《细节决定健康》等倡导中医养生理论的养生保健类畅销书，契合了重视养生的社会心理，迎来了新一轮畅销潮流。张悟本的《把吃出来的病吃回去》甚至位列 2010 年"非虚构畅销书排行榜"第一。随着张悟本虚假身份曝光，畅销书市场"养生保健热"渐消，但《吃好每天 3 顿饭》《很老很老的老偏方：小病一扫光》等图书仍有一定的受众基础。

（二）通俗的文化力

施拉姆"经验范围"理论认为，传播者、受众经验范围相同或者相似的程度越多，交流越顺畅。畅销书通过取悦大众赢得商业利润，而受众层次不一，文化水平参差不齐，为了达到销量最大化，拥有最多受众，畅销书只能尽可能迎合大众趣味。分析我国 20 世纪 80 年代以来的公案小说热、新武侠小说热、言情小说热、蔡志忠漫画热，其背后蕴含的通俗化倾向清晰可见。比如琼瑶言情小说的畅销，除了因为图书类型填补了大陆出版空白之外，恰恰是它以俗的言情套路迎合了普通大众的阅读需求，以雅致语言为文化水平较高的受众带来了愉

---

① 刘珍：《论大众文化时代历史类图书的价值》，《阿坝师范高等专科学校学报》2008 年第 12 期。

悦的阅读体验。不单文学类畅销书如此，非文学类畅销书畅销的背后也都存在着畅销的流行元素。以销量千万册的历史畅销书《明朝那些事儿》为例，该书摒弃了古书记载、专家解读、戏说这些历史图书的常见写法，融合了小说的叙述方式和现代化的语言。作者将明朝开国皇帝朱元璋描述为"身体棒，精神头儿足，饭量大，一顿能扒好几碗，不但是铁人赛的冠军级选手，估计还练过长跑，耐力很强"。借用网友对《明朝那些事儿》的评价："俗，俗得彻底；真，真得感人；趣，趣得好玩儿。"受众阅读相对轻松，没有任何思考的压力，文本的审美属性让位于文本的可接受性，"易于阅读"是一本畅销书"众所周知""可以预期"的成功要素。①

（三）流行周期更迭迅速

畅销书是表明公众阅读兴趣的一种指标。特定时间段内畅销书的更替，其实就是流行潮流转换的过程。按照《辞海》的解释："流行"特指"迅速传播或盛行一时"。② 畅销书聚集了时下最流行的音乐、服饰、语言和文化，引领流行是畅销书传播的普遍现象。比如白岩松《痛并快乐着》书名取自港台歌手齐秦的同名音乐专辑，"花衣裳"系列丛书采取了网络时尚宣传……快节奏的出书频率，跟风、搭车等推波助澜式的操作，推进了畅销书流行周期的更迭。不可否认，极少数畅销书能在较长时间内维持较高的销量变成经典作品。例如《狼图腾》2004年出版至今，多次登上"开卷畅销书排行榜"。但大部分畅销书畅销周期要相对短得多。引起"隐私"风的《绝对隐私》，引起"革命"风的《学习的革命》，引起"奶酪"话题的《谁动了我的奶酪》……都曾对一定时期的文化潮流起到引领作用，但都是来去匆匆，转瞬即逝。《美国出版商周刊》2004年畅销书排行榜的统计结果显示，虚构、非虚构畅销书平均上榜时间都是36周左右，

---

① Claude Martin, Production, Content and Uses of Bsetselling Books in Quebec, *Canadian Journal of Communication*, 1996（21）：4.

② 夏征农：《辞海》，上海辞书出版社1989年版，第188页。

中国畅销书持续的时间更为短暂：一般畅销书畅销高峰为3—6个月，生命周期一般在1年以内；连续在榜的畅销书上榜情况也不容乐观，畅销峰值一般集中在1—6个月。可以说，流行性意味着畅销书的"速亡"。

（四）大众媒体强力助推

当下任何文化现象都有媒体的痕迹，特别是畅销书市场，短暂的流行周期和强大的竞争压力，使得畅销书不再是自然运作、自然传播的结果，"每一次图书热背后，都能看见传媒的影子"①。在大众传媒参与下，某种或某类书籍可以突然间声名鹊起，被大众竞相购买、传阅。"文学类畅销书排行榜"前100名图书中，与媒体宣传有关的畅销书比例高达60%：名人（包含畅销书作家、文体明星）的作品占28%，与影视剧搭车的作品占15%，与大众传媒相关的作品占17%。②大众传媒传播畅销书信息既是出于新闻宣传的需要，也是畅销书运作逻辑使然。媒介具有环境监视、社会协调、遗产传承、提供娱乐的社会功能。关注文化事件，为受众提供全面、丰富的信息资讯本身就是大众传媒的基本职责。同时，畅销书借势传媒形成同一内容的不同媒介产品，最大限度地提升了畅销书的影响力，也无偿地利用了传媒的广告效应。

第三节　中国当代畅销书传播掠影

畅销书是社会学的实验场和大众心理的晴雨表，畅销书海量的销售背后折射出一个时代的社会心态和大众心理，综合体现着某一时期政治、经济、文化、时尚、趣味方面的变化。根据大众文化在中国的发展轨迹，本节相应地将畅销书发展脉络划分为以下三个阶段。

---

① 伍旭升：《大轰动——中外畅销书解密》，广州出版社1993年版，第97页。
② 黎霜：《论文学畅销书生命的延伸——〈哈利·波特〉〈我为歌狂〉案例分析》，硕士学位论文，四川大学，2003年。

一 文化还原中的自发畅销

20世纪80年代中前期的畅销潮流展现了社会大变革的文化背景。总体文化倾向是高扬高雅的精英文化,它将"审美或诗意的启蒙任务,人的觉醒的启蒙任务作为文化的根本任务"①,伤痕文学、寻根文学、反思文学等各类文学思潮的涌动,带动了大量文学书籍畅销。这类图书以书籍传播的方式参与社会思想解放运动,侧重思想政治教育、文化启蒙,虽然销量大,但与现代意义上的畅销书相去甚远,不在本书考察范围内。伴随着精英文化的另一条主线是港台流行歌曲、通俗小说、电视剧、商业广告登陆内地,以金庸武侠小说和琼瑶言情小说为代表的港台通俗读物迅速引发了大陆通俗出版热潮。据统计,1984年至1986年间,武侠小说、言情小说达到了出版高峰,武侠小说出版十余种,印数200万册,琼瑶的小说出版15种以上。这些畅销书满足了受众的正常文化需求,传播范围上至著名学者,下至市井百姓,遍及中国社会的各个阶层,在当时大众传媒极为落后的情况下,凭借口碑传播取得了强大的传播效果。

二 大众文化蓬勃发展与畅销书的商业重建

20世纪80年代中期以后,文化领域的一个突出现象就是公众文化消费愈加娱乐化、多样化。剑桥大学安格斯·麦迪森教授在《世界经济二百年回顾》一书中写道,当一个国家人均GDP达到1000美元的时候进入舒适型、享受型社会,文化产业也会相应地高速发展。西方很多工业化国家都在制造业达到相当规模后,逐步进入文化生产和消费的高潮。② 与此类似,20世纪90年代的中国社会,经过十多年改革开放的积累,市场化、现代化进程进一步加速,人民物质生活水平

---

① 陈幼华:《畅销书风貌》,武汉大学出版社2007年版,第144页。
② 崔欣、孙瑞祥:《大众文化与传播研究》,天津人民出版社2005年版,第9页。

不断提高，对精神文化消费的渴望愈加迫切，形成一个庞大的大众文化市场。

此时中国文化正处于多元并存的结构中，不同历史阶段的文化要素纠结在一起。传统与现代、东方与西方……精英旨趣为主的文化格局向高雅文化、主流文化、大众文化多元共生的文化格局转变。在此背景下，人们经久不衰的政治热情有所淡化，功利主义、实用主义、世俗主义、物质主义、感觉主义等观念层出不穷。反映在畅销书领域，"痞子"文学、"性灵"文章、"小女人"散文、"文化大散文"纷纷登场，一台凌乱纷杂、灿烂辉煌的文化大戏取代了通俗畅销书浅歌低吟下严肃书籍整齐划一的大合唱。文学畅销书继续主导这一时期的市场，它们拒绝理想、拒绝崇高，以对世俗的关照消解了精英文化的理性沉思。

20世纪90年代中后期，畅销书生产以获取商业利润为导向，逐步与市场密切结合，所有的文化资源都被纳入出版领域。以1995年刘晓庆的《刘晓庆：我的自白录》为开端，1997年"十大畅销书"中有倪萍的《日子》、杨澜的《凭海临风》、姜昆的《笑面人生》、宋世雄的《宋世雄自述》四本名人书籍上榜，北大出版社的《未来之路》也借势比尔·盖茨，名人畅销书达到了前所未有的巅峰。与此同时，大众文化流行趋势走强，多种图书齐头并进。香港回归，著名学者王小波、台湾歌手张雨生相继离世，毛泽东100周年诞辰等社会事件都受到了出版界关注。这类非文学畅销书以流行的趣味、娱乐休闲的特性、光鲜的包装，调动着大众的欲望，形成了覆盖面广、渗透力强的多元畅销潮流。

图书出版从较小圈层向大众传媒扩散，文化市场触目可见轰轰烈烈的广告宣传攻势，畅销书形式的轰动常常超过内容本身。1993年贾平凹的《废都》横空出世，中国作家出版社、陕西人民出版社等十几家出版社使出浑身解数向贾平凹索稿。新闻媒体敏锐地捕捉到这一新闻点，对此进行了报道。《废都》出版前，媒体就将稿件归属、稿酬炒得沸沸扬扬;《废都》正式出版时,北京出版社又将其定位为"当代金瓶梅"刺激大众的购买欲望。《废都》上市出现"洛阳纸贵"的现象也就不足为奇了。如果说《废都》的宣传主要是由新闻媒体客观介入产生的轰动效应,梁凤仪财经小说的畅销在很大程度上要归功于一系列宣传策略。梁凤仪用商业上成功的推广模式来推广文学,所到之处不断举办作品新闻发布会、作品研讨会、大型签名售书活动,主动引来传媒长篇累牍报道,同时认购权威文学评论杂志《文学评论》刊登梁凤仪作品目录和个人简介。以上两种不同风格图书的畅销,表明此时的出版界已开始有意识地依靠大众传媒的辐射力,形成图书出版界、受众、新闻界多方力量的联动。

三 畅销书产业化运作初级阶段

20世纪90年代后期至21世纪初期是中国畅销书的产业化运作阶段,畅销书从策划、投资、制作到生产、宣传、发行,都被纳入文化工业生产的逻辑之中。率先掀起畅销书营销序幕的当属1998年科利华和生活·读书·新知三联书店联合推出的《学习的革命》。该书投放了国内历史上第一个图书电视广告,聘请著名导演谢晋为广告代言人,在中央电视台黄金时段向受众隆重推荐这本"通向21世纪的个人护照",并提出"投入1亿元巨款,发行目标1000万册,实施一个提高全民族素质的学习的革命"这一极具新闻性的话题。紧随其后的是2000年9月《富爸爸,穷爸爸》掀起畅销潮流。与《学习的革命》不同,《富爸爸,穷爸爸》出版商北京"世图"采用了项目管理机制。先是利用北京国际图书博览会之机大造声势,举办新闻发布会,邀请各家权威媒体报道。形成品牌效力后,又不断深入挖掘图书潜力,发行配套游戏"现金流游戏玩具",推出同名话剧,选择北京、上海、广州、重庆四大中心城市成立财商教育培训中心……《学习的革命》立体化传播模式,借势、造势的宣传手法和《富爸爸,穷爸爸》以图书辐射培训、游戏等多个文化产业领域的运作模式革新了出版界的观念，为以后的畅销书传播提供了借鉴思路。

四 畅销书全面产业化运作阶段

这一时期的关键词可以概括为精准定位，全媒体互动、全产业链开发。一方面，受众追求轻松阅读、休闲阅读、时尚阅读，畅销书题材呈现出多元化、分众化特征。魔幻文学、青春文学、职场小说等精准定位目标人群的畅销书占据排行榜，具有一定文化内涵的纯文学作品和经典作品虽没有被束之高阁，却再难像20世纪那样成为畅销书市场的主流；另一方面，随着网络媒体、手机媒体的迅速崛起，在整个文化产业链条中声音最弱的畅销书，借势其他文化形式跨界传播。

以韩寒、郭敬明为代表的青春文学系列是最早有意识对目标人群进行细分定位的畅销书类别，极具市场号召力。2000年韩寒《三重门》累计发行130万册，为中国近20年文学类作品销量之最。2003年郭敬明《幻城》起印10万册，三个月销售120万册。[①] 青春文学畅销书过滤掉艰深晦涩的空洞道理和精深知识，题材涵盖童话传说、武侠玄幻、数码动漫、都市言情，以服务未成年人为主要目的，类型化特征明显，这样就使青春文学不仅是一个由出版商打造的文化概念，而且有了坚实的受众基础。面对消费能力强、个性张扬的学生受众群，出版商不断以标新立异的宣传吸引受众注意。出版社为郭敬明主编的《岛》系列策划了"读《岛》赢大奖，浪漫海岛游"活动；《哆来咪发唆》面市时举办主题歌中文翻唱大赛；《我是侠》推出Flash、电脑壁纸、动漫作品、同名单曲、小说彩铃。有的畅销书还推出限量珍藏本、礼盒装，附赠毛绒玩具、贴纸、明信片、创作手记以及没有曝光过的作家海报。

如果说青春文学畅销书是有意栽花，畅销来自策划人员对市场流

---

① 中国周刊：《时代宠儿郭敬明》，2010年3月17日，新浪网（http://news.sina.com.cn/c/sd/2010-03-17/160919883892.shtml）。

行趋势和受众心理的精准把握，《百家讲坛》系列更多的是无心插柳，让整个出版业见证了电视媒体强大的影响力。2004年中央电视台科教频道《百家讲坛》栏目改版，定位为初中文化水平以上人群，采用设置悬念、抖包袱的口语化方式讲述中国历史、中国文化，收视率节节攀升。《百家讲坛》系列热播后讲稿结集出版，销量均超过10万册，《易中天〈品三国〉》更是首开无标底书稿拍卖先河，创下"首印55万册、14%版税的非文学图书出版纪录"①，实现了当代出版史上学者明星化、荧屏品牌化和图书销量极大化的完美结合。

青春文学畅销书和《百家讲坛》系列畅销书标志着畅销书传播向品牌化、系列化方向发展。郭敬明《岛》系列、《最小说》系列，张悦然《鲤》系列、郭妮《火星少女》系列、《品三国》《于丹论语心得》都围绕作者或是某一畅销书进行持续性运作。同一时期的《哈利·波特》《杜拉拉升职记》三部曲更是一种内容多重开发，以版权为核心进行全产业链开发。《杜拉拉升职记》被改编为话剧、电视剧、电影，品牌价值超过3亿元；《哈利·波特》的人物形象被广泛应用于日用品、服装、玩具、游戏等产业。从2010年开始，畅销书影视联动、全产业链开发的趋势愈加明显。热门电视剧《欢乐颂》带动同名畅销书和原作者另一部作品《大江东去》热销，少人问津的经济学著作《集体行动的逻辑》因电视剧台词提及突然尽人皆知。根据《狼图腾》小说改编而成的电影斩获7亿元票房，《滚蛋吧！肿瘤君》同名电影上映20天，票房高达2.83亿元。② 畅销书内容衍生出文化产业链下游的游戏、动漫、影视等诸多领域的产品，围绕畅销书的泛娱乐产业链初具规模，加之影视传播普遍采用跨屏传播、台网互动的模式，多媒体融合时代的畅销书具有传统媒体时代不可比拟的影响力。

---

① 南方周末：《〈品三国〉：一本畅销书的诞生》，2006年9月7日，新浪网（http://finance.sina.com.cn）。
② 《〈滚蛋吧！肿瘤君〉电影票房最新统计》，2015年8月20日，中商情报网（http://www.askci.com/news/ent/2015/08/20/86289gxz.shtml）。

纵观中国畅销书发展脉络，畅销书和任何其他出版物一样，不是偶然产生的。它是市场经济背景下图书出版的内在要求与外部传播环境共同促进的产物。经过出版机构的策划、包装、宣传，大众文化为畅销书从被动兴起到主动传播注入了新的文化资源，也为畅销书传播活动带来了新的思维方式和操作模式。畅销书以其蓬勃发展之势，引得中国出版界竞相追逐。

第二章 畅销书传播主体研究

传播者处于传播活动的第一个环节，是传播活动的发起人和传播内容的组织者。传播者既决定了传播活动的展开和发展，又决定了传播内容的数量和质量。在传播学研究中，传播者主要是职业传播者，即在大众传媒机构专门从事传播工作的人。畅销书传播中的传播主体略有不同，由畅销书文本的创造者——作者和畅销书物化的生产者——出版机构共同组成。

第一节 畅销书个体传播者

这里首先要厘清一个概念，何为畅销书作者和畅销书作家？所谓作者是指文学、艺术作品的创作者，而作家是一种职业，强调持续坚持作品创作并在创作领域获得一定影响。西方畅销书作家一般指通俗小说家或类型小说家，他们动辄出版十几本甚至几十本小说，作品能够长时期地吸引受众。中国畅销书机制仍处于起步阶段，从事畅销书写作的职业群体数量与西方有明显差距。因此以较宽泛的"畅销书作者"这一概念进行考察更为科学。

一 畅销书作者群体的泛化

当前，畅销书机制打破了图书出版在人们心中的神圣感和崇高感，昔日专业作家群体独占图书市场的态势早已不复存在。纵览畅销书排行榜，除了莫言、陈忠实这类传统作家外，还有在网络领域聚集大量人气，直接被冠以畅销书作家头衔的一批网络写手，大众媒体影响力的增强使一批高曝光的公众名人也加入了畅销书作者的行列。

（一）传统作家

作家是给予文学小说作者的称号，作家的作品具有畅销的天然优势。最早的畅销书基本都是文学小说。笔者统计了传统作家在 2008—2016 年开卷图书公司发布的"虚构类畅销书排行榜"（前三十名）的上榜情况，莫言、路遥、钱钟书、老舍、余华位列上榜次数最多的中国作家前五名（见表 6）。莫言上榜得益于他荣获诺贝尔文学奖的殊荣，路遥的《平凡的世界》热销是因为被改编为同名电视剧。另一位获得诺贝尔奖的外国作家加西亚·马尔克斯上榜次数排名外国作家榜首（见表 7），作品《百年孤独》共上榜 6 次，累计在全世界售出超过 1000 万册。

表 6　2008—2016 年"开卷畅销书排行榜（虚构类）"国内作家上榜次数

作家	上榜书目	上榜次数
莫言	《蛙》《生死疲劳》《丰乳肥臀》	7
路遥	《平凡的世界》《人生》	6
钱钟书	《围城》	5
老舍	《老舍集——骆驼祥子》	4
余华	《活着》《第七天》	4
霍达	《穆斯林的葬礼》	2
王跃文	《大清相国》	2
罗广斌　杨益言	《红岩》	2
六六	《蜗居》	2
张爱玲	《小团圆》	2
严歌苓	《陆犯焉识》	1
巴金	《家》	1
杨志军	《藏獒 3》	1
刘震云	《我叫刘跃进》	1
刘心武	《刘心武续红楼梦》	1

续表

作家	上榜书目	上榜次数
贾平凹	《古炉》	1
冯骥才	《俗世奇人》	1

表7　2008—2016年"开卷畅销书排行榜（虚构类）"外国作家上榜次数

作家	上榜书目	上榜次数
加西亚·马尔克斯	《百年孤独》《霍乱时期的爱情》	6
卡勒德·胡赛尼	《追风筝的人》	5
米兰·昆德拉	《不能承受的生命之轻》	3
杰罗姆·大卫·塞林格	《麦田里的守望者》	2
扬·马特尔	《少年PI的奇幻漂流》	1
夏洛蒂·勃朗特	《简·爱》	1
尼古拉·奥斯特洛夫斯基	《钢铁是怎样炼成的》	1
山冈庄八	《德川家康（第一部）——乱世孤主》	1

康·帕乌斯托夫斯基曾说："作家的工作不是手艺，也不是职业，而是一种使命。"传统作家从事的是艺术审美创造工作，他们写作出于一种强烈的责任感、使命感，始终将作品的思想性，审美性放在第一位。陈忠实在写作《白鹿原》时唯恐因急功近利毁坏了独特体验，或是浮躁损害了作品，历时整整四年才最终完稿。莫言谈及自己的创作时也认为，文学作品具有批判和歌颂的功能，作家只有通过内在的驱动力产生了创作灵感才能运笔如飞。由此可见，传统作家写作，其实是对自己的情感体验、经历，对现实生活进行艺术加工的自我传播，"是一个融合了感知、记忆、思维、想象、情感诸多心理机制和功能综合发挥的心理活动过程"①。这些作家不会为了金钱放弃文学理想和对美的追求，对受众的阅读兴趣也考虑较少，即使他们的作品也可能被较低阶层的受众所喜爱。

---

① 邹忠民：《作家的创作心理——作家学：作家心理学之四》，《江西师范大学学报》1989年第7期。

畅销书机制兴起后，价值取向的激烈碰撞加剧了传统作家群体的内在分化。少数作家坚持自己的创作追求，不迎合大众审美趣味，以对峙的姿态恪守精神的独立。大多数作家则试图扩大作品的传播范围，在严肃文学和畅销文学之间，文学与市场之间寻求一种平衡。在畅销书市场，出版方和受众已将一部分传统作家列入畅销书作者的队伍，把他们分门别类的贴上标签，如池莉代表市井小说，二月河代表帝王小说，余秋雨代表文化大散文……传统作家作品兼具文化价值、艺术价值和市场价值，容易跨入畅销的行列。前文"开卷图书排行榜"上榜作品中，钱钟书《围城》、老舍《骆驼祥子》、罗广斌《红岩》、巴金《家》、夏洛蒂·勃朗特《简·爱》、尼古拉·奥斯特洛夫斯基《钢铁是怎样炼成的》都是历时数十载畅销不衰的经典名著。

（二）网络写手

蔡智恒的《第一次的亲密接触》被认为是网络写手畅销作品的发轫之作。《第一次的亲密接触》呈现了"痞子蔡"和"轻舞飞扬"纯洁、悲情的网恋故事，缠绵曲折的情节令无数受众潸然泪下。随着《第一次的亲密接触》引发网络小说出版热潮，一批成名网络小说作者摇身变为畅销书作者，畅销书内容分类也愈加精细。

安妮宝贝与都市派。安妮宝贝是和"网络三驾马车"李寻欢、宁财神、邢育森同一时期的网络写手，从网络小说萌芽时期开始创作，至今仍有作品面世。较之卫慧、棉棉这些20世纪70年代的作家，社会主流文化对安妮宝贝的作品认同度较高。她的作品《八月未央》《告别薇安》《莲花》都曾畅销一时，也曾被严肃文学杂志《收获》收录。21世纪初叶，当出版界屡屡将"身体写作""美女作家"等大众文化兴奋点作为刺激受众购书的卖点时，安妮宝贝是一个另类的存在。她的作品通常以影像化的城市为背景，主人公有着冷漠的神情和孤寂的灵魂。文中随处可见的哈根达斯冰淇淋、Cappuccino咖啡、Kenzo香水、欧洲艺术电影、Prada套装等丰裕的物质符号，彰显了与市场上绝大多数畅销书迥然不同的雅致情调，暗合城市白领人群的文化追求。

桐华、流潋紫与古典派。古典派分为穿越小说和纯古典小说两种类型。穿越小说即架空历史穿越小说。桐华《步步惊心》是古典派穿越畅销书的代表作,该书融合玄幻、历史、言情三种小说类别要素,讲述了发生在清朝"九龙夺嫡"历史事件背景下的情爱故事。流潋紫《后宫·甄嬛传》则以宫斗著称,跌宕起伏的情节令受众欲罢不能。古典派畅销书作者多是"80后"女性,受过高等教育,她们经历了从浪漫到现实的蜕变,虽然不再天真稚嫩,但也不老于世故,对青春有着最新鲜的记忆和最深切的感触[①],因此这类畅销书内容核心仍是以女主人公跌宕起伏的遭遇为背景,描述几乎为所有女性期待的爱情故事,洋溢着平等、独立的现代精神和鲜明的女性意识。无论女主人公的地位如何,相貌如何,都不是逆来顺受的"小娘子",关键时刻能够做出主动的选择。

唐七公子、天下霸唱与玄幻派。玄幻畅销书集西方魔幻小说题材、写作方式与中国古代神话、传奇的浪漫色彩于一体,在"大玄幻"的文本题材下又细分为仙剑类、都市类、军事类、魔幻类。唐七公子《三生三世十里桃花》讲述了青丘帝姬白浅与九重天太子夜华"醉卧十里桃林忘尽前尘,情深不渝三生三世枯等成灰"的爱恨情仇。天下霸唱《鬼吹灯》通过神秘的墓穴、多姿多彩的民间文化、男人间的情谊营造出另一种让人欲罢不能的故事情节。玄幻畅销书作者多为"80后"男性,卡通动漫、网络游戏伴其成长,作品充满海阔天空、恣意纵横的想象:虚构的世界起源与世界末日,光怪陆离的神话宗教体系,绚烂多姿的万里河山……为受众展现了一个丰富多彩的离奇世界。

网络写作与传统写作不同,不需要有深刻的人生感悟和写作经验,上述网络畅销书作者身份呈现出多元化特征:《九鼎记》作者是苏州大学数学专业的学生,《明朝那些事儿》作者原身份是国家海关总署

---

① 钱秀银:《"80后"女性写手与网络穿越小说》,《哈尔滨师范大学社会科学学报》2011年第1期。

缉私警察，唐家三少是IT员工，流潋紫任教于杭州江南实验学校。数据表明，70%以上的网络写手是理工科出身，男性一线网络写手中理工科出身的更占据绝大多数。① 网络畅销书作者职业多元化从某种程度上消解了图书的神圣性和精英趣味，丰富了畅销书内容类型；但是他们的写作又或多或少带有网络时代的烙印，如注重互动性，故事情节走向、人物设置受评论影响，创作心态、审美取向不够独立；摒弃晦涩高深的书面用语，追求草根性、亲民性的表达形式。这些在后两类网络畅销书作者身上表现得格外明显。

虽然网络畅销书文学价值不如严肃文学图书，但网络畅销书作者的商业价值，却远非传统作家可比。2016年江南、南派三叔以3200万元、1500万元版税收入分别位居"第十届作家富豪榜"第一位、第六位，而同年毕淑敏、余秋雨、余华的版税收入是400万元。② 网络畅销书作者还通过授权游戏、电视剧、电影改编的形式实现财富的快速积累。"第十届作家榜之网络作家榜"排名前三位的唐家三少、天蚕土豆、辰东的年度版权收入分别为1.1亿元、4600万元、3800万元。③ 这些数字令传统作家望尘莫及。

（三）公众名人

西方发达国家出版商建构的畅销书量化指标体系中，作者知名度是一个关键指标。作品内容占12%，作者知名度占36%，作品形式占10%，综合得分越高，成功率越高。④

名人出书始于1983年演员刘晓庆年出版自传体图书《我的路》。《我的路》因曾在《文汇月刊》发表，披露诸多私人感情生活细节，

---

① 肖映萱、叶栩乔、朱航、李天豪：《中国网络作家生存状态报告》，《名作欣赏》2015年第11期。
② 新京报：《第十届作家富豪榜出炉，去年哪个作家赚最多？》，2016年3月22日，网易（http://news.163.com/16/0322/19/BIPMJVKR00014SEH.html）。
③ 华西都市报：《网络作家榜：34岁唐家三少以1.1亿问鼎榜首》，2016年3月25日，腾讯（http://games.qq.com/a/20160325/057836.htm）。
④ John Tebbel, *A History of Book Publishing in the United States*, R. R. Bowker Co, 1975 (2): 679.

引起社会轩然大波。1995年,刘晓庆在深圳文稿竞价活动中推出《刘晓庆——我的自白录》,尚无一字,便拍出108万元天价。同年,名动中国的中央电视台节目主持人赵忠祥推出《岁月随想》,一经面世销量就达百万册。该作品的畅销,完全出乎出版社和作者赵忠祥的意料之外。赵忠祥曾想将起印册数定在3000册,后来出版社定为1万册。赵忠祥说:"出版社不让我自掏腰包印书,我觉得够大方了,夫复何求。如果他们真印个几千本,并能再给我一二百本折价书就很好了。"这就是说,前期的名人作者和出版社并没有对此类图书的销量抱有很高期待,图书畅销带有一定的偶然性。但是刘晓庆、赵忠祥的作品在长期以来只属于职业作家的领域热卖,无疑为出版界提供了一种可复制的畅销书类型,即"影视名人作者+自传体的讲述方式+披露内幕故事"[1]。之后的名人畅销书沿袭这一写作模式,发行量和影响力都达到了一个新高度:截至1998年,各出版社已出版1100余位名人所著图书,发行量高达500万册以上,盗版估计达2000万册至3800万册[2]。迈入21世纪,名人图书畅销势头不减:2000年白岩松《痛并快乐着》销量100万册以上,仅前三个月就销售50万册;2001年崔永元《不过如此》首印达30万册,并以5万册的幅度连续加印十余次,总发行量104万册。[3] 至2003年著名导演冯小刚出版《我把青春献给你》,名人畅销书创作群体由电视节目主持人扩大到演艺界、体育界、文化界,当后期出版机构对名人资源开发几近枯竭时,张咪男友、刘欢夫人、葛优母亲这些名人身边的人也开始著书立作。

公众名人作者中还有一类特殊的名人——"学术明星"。"学术明星"是近两年来随社会发展而出现的新词汇,概括了大众文化时代学

---

[1] 孙欣然:《两种出版现象的比较分析——"明星出书"与"书出明星"》,硕士学位论文,北京印刷学院,2014年,第8页。

[2] 施诺:《名人出书已成明日黄花》(http://www.gmw.cn/01ds/1999-03/10/GB/240%5EDS119.htm)。

[3] 《柴静成最能卖书主持人 解读主持人出书背后秘密》,中国娱乐网(http://yule.sohu.com/20130206/n365667795.shtml)。

术与媒体联手的一种新兴的文化现象。易中天、于丹等主讲人本是高校教师，专注学术研究几十年，却因为学术图书传播范围有限一直默默无闻，一夜之间借助电视媒体成为明星，不仅所著图书销量大增，万人挤爆演讲现场，还拥有了众多粉丝，其中易中天的粉丝们被称为"意粉（易粉）""乙醚（易迷）"，于丹粉丝被称为"丹青""鱼丸"。这一现象引起了学术界、文化界的争议。反对的声音主要集中在学术图书文化本质与通俗化、商业化之间的矛盾，学者的明星做派与传统观念对学术作者所认定的形象大相径庭等方面。中山大学、北京大学、清华大学等高校十余名博士甚至发起抵制"学术明星"的运动。支持者则更看重电视学术知识分子在推动文化传播方面的积极意义，认为此类图书是精英文化大众化的成果，既有学术出版的文化性，又有大众传播的通俗性；既创造了经济效益，又提升了受众的文化素养，实现了学者、出版社、受众的"三赢"。

从社会地位、职业声望等身份特征来看，以上公众名人均与大众传媒，特别是电视媒体有着直接或间接的关系。学者李孝弟在《名人与名人书：一场大众娱乐的消费盛宴》一文中对此进行了深刻的论述："在以电视为中心的娱乐业时代，以立言而不朽的经典名人退场让位于电视媒体的上镜名人。因立言而成为名人的内在价值逻辑也转变为因上镜而成为名人，因成为上镜名人而出书。"[①] 职业属性使名人极具卖点，既是大众传媒塑造的公共形象，亦是一种"具有多维能指的综合性符号"[②]，包含着多重象征价值，加上名人与大众媒体长期建立的密切关系，名人畅销书的宣传优势可谓得天独厚。名人也很乐于跨界出书。公众名人是大众文化社会最大的奇观文化，是大众传媒与商业合谋的产物。当前，各种文本信息空前泛滥、社会关注空前稀缺，成"名"要求制造各种话题，增加在各种媒体上面的曝光频率与出现

[①] 李孝弟：《名人与名人书：一场大众娱乐的消费盛宴》，《中国图书评论》2016年第12期。

[②] 张悦、卢兆麟：《论明星符号的多维能指》，《电影文学》2012年第10期。

机会。① 图书展示了公众名人的兴趣、经历、内心世界，发行宣传为其做了免费广告，动辄几十万册的销量和受众之间的口碑传播，足以在短时期内进一步提高名人的曝光率和人群覆盖率。

然而，名人作者写作水平不可与前两类作者相比，名人畅销书内容质量堪忧。即便是被誉为"古典诗文随处可见，时时散发出温馨的生命情怀和悠悠的古典情韵"②的《岁月随想》，也曾被点名批评，有的出版社还专门出版了对文中较大错误、病句逐一更正的《点校赵忠祥〈岁月随想〉》。此外，公众名人作者在写作时很少亲自动笔。除了柴静等少数名人以及身份是高校教师的学术明星亲自撰写书稿之外，大部分名人畅销书都或多或少有外人参与。有的和作家合作联合署名，例如杨澜与朱冰；有的由他人整理名人的口述材料，名人修改审订，图书署名为名人，例如冯仑的《野蛮生长》；还有的完全由他人代笔。"80后"作家张一一曾在网上披露，刘晓庆、冯小刚、蔡康永、刘若英、阿娇、李咏等十多位名演员、名歌手、名主持撰写的畅销书均由"枪手"代笔。这些以新闻为聚焦点，以八卦为药引子，以隐私为招牌菜烹饪出来的"文化快餐"文化含量低，只能在排行榜上昙花一现，无论如何火爆，如何畅销，却始终无法进入严肃评论家的视野。公众名人畅销书，不过是一场出版界主导的娱乐狂欢。

二 畅销书作者的商业化倾向

作家池莉曾说："畅销，是一个客观指向，畅销书，是一个主观指向。"③ 畅销书时代，写作是依据消费需求进行的，畅销书作者毫不掩饰对市场的迎合，"其价值观念和写作态度烙上了大众文化和商业

---

① 苗艳：《消费社会"名人符号"分析》，《上海师范大学学报》（哲学社会科学版）2011年第3期。

② 邱江宁：《风景这边独好——也读赵忠祥的〈岁月随想〉》，《中国图书评论》1998年第5期。

③ 池莉：《小说不是我的自传》，《解放日报》2001年3月23日。

规则的深刻印记"①。郭敬明就曾将销量视为对一个作家最大的肯定，为自己的作品多年来占据文学类畅销书排行榜第一位而极为自负，春树在接受央视栏目《面对面》采访时，也将出名后出书的动机归结为对钱的需求；即使是对于最早以《一半是火焰一半是海水》出名的畅销书作家王朔，文学在他心目中也毫无神圣感可言，他要靠写字来捞一笔，每个字都是要算钱的。

为了实现图书销量的最大化，畅销书作者自觉研究受众心理，以受众阅读喜好为创作导向。王朔的小说在出版之前都预设了受众类型："《空中小姐》《浮出海面》吸引的是纯情的少男少女。《顽主》这一类就冲跟我趣味一样的城市青年去了，男的为主。后来又写了《永失我爱》《过把瘾就死》，这是奔着大一、大二女生去的，《玩的就是心跳》是给文学修养高的人看的，《我是你爸爸》是给对国家忧心忡忡的中年知识分子写的。《动物凶猛》是给同龄人写的，跟这帮人打个招呼。"② 畅销书还通过塑造符合传播语境的环境和各种人物形象，取得受众的亲近感和认同感。例如，郭敬明笔下的人物大多有车有房，出身名校名企，有着英俊爱人。安妮宝贝小说里的粉红披肩、镶皮草薄大衣、缀满人造水钻和金丝线的凉鞋、鳄鱼皮小背包等时髦装束，也是上海都市白领女性的典型穿戴。

在当代畅销书市场，畅销书作者意味着一种鲜明的风格和特定的品牌。海岩的作品《一场风花雪月的事》《永不瞑目》《拿什么拯救你，我的爱人》《玉观音》普遍采用"案情＋爱情"的品牌式叙述模式，扑朔迷离的案情中交织着主人公刻骨铭心的爱恋。安妮宝贝的风格叙事特征更为明显。主人公多是名叫安或乔的女子，身着棉布裙子、旧牛仔裤，光脚穿球鞋，倔强又孤独……叙事模式常常是主人公的好友爱上了她的男人，死亡是最多的结局。这种类型化写作在青春类畅

---

① 谢诗敏、郭海梧：《消费社会与明星图书出版》，《出版发行研究》2013年第10期。
② 王朔：《我是王朔》，国际文化出版公司1992年版，第47页。

销书中也有所体现。郭敬明的小说充满了"明媚的忧伤",描述的爱情都是近乎完美的,男孩帅气、聪明、富有,女孩略带自卑又敏感、倔强。"宇宙""星球""世界""世纪"在郭敬明的作品中反复出现,以极大的比喻,写极小的情感,凭借这种巨大的张力,不断强化"我"的重要性。韩寒的作品通常是"自叙体",主人公到处游荡,不断讥讽身边的一切。在《一座城池》中,"火车慢慢停下,这又是一个全新的地方",以为是"逃犯"的"我"和健叔在陌生的大地上逃亡;在《光荣日》中,一群青年自动放逐到远方,"大家坐着火车,摇摇晃晃,穿过一座山,再穿过一座山";《1988——我要和这个世界谈谈》则直接将故事场景放置在318国道……

畅销书作者虽然陷入了固定的写作模式,但很少有人尝试转换风格,提升作品的深度。对他们来说,写作已不是一种对生存方式和生命体验的个性化书写,创作的关键也不在于打破模式、超越类型,而是如何把目标受众已经接受的叙事模式固化,可以在日后写作中贯彻执行,从而确保高速批量生产。当这种商业化倾向达到一定程度时,便导致作品内容和畅销书作者自身的物化,不仅畅销书作品内涵直线下滑,畅销书作者也在商业化包装后成为一种文化符号。比如放浪不羁、特立独行的韩寒,小资文艺的安妮宝贝,"心灵导师"于丹;比如给人以多金、文艺的形象,始终名牌加身的郭敬明,一副高端大气的学术精英范儿的余秋雨……配合着大众文化的消费语境,"认知领域启迪、引领公众的理想让位于'物的狂欢'",畅销书商业化"堂而皇之地成为浓墨重彩的时代意象"。①

第二节 畅销书职业传播者

传播学研究中,人们潜意识地将职业传播者视为"已知数"或是

---

① 沈晴:《论商业化写作的异化与交往理性的构建》,《郑州航空工业管理学院学报》2010年第4期。

不太重要的"未知数"。然而当畅销书成为一项产业的时候，必须对职业传播者给予高度重视。因为畅销书作者生产的只是一次产品，即书稿。书稿转化为图书，实现二次大众传播，需要通过一定的发行渠道。传播学者库尔特·卢因在"把关人"理论中指出，信息的流动是在一些含有"门区"的渠道里进行的，"把关人"有着较大的选择权限，他决定信息是否可以进入渠道或继续在渠道里流动，即传播者在信息选择、信息过滤、信息传播的过程中，具有主动的、积极的作用。这个理论同样适用于畅销书传播。从畅销书传播微观层面来看，职业传播者横亘于受众、作者之间，从附属地位转向主导地位，从书稿的简单接受、编辑，变成对畅销书写作全程的深度介入。

一 选题策划：职业传播者把关的初始环节

选题策划指出版社从当前社会热点和文化背景出发，分析市场调研结果，确定选题的写作方向。在国内最先对畅销书内容进行有意识把关的当属畅销书"布老虎"小说系列。"布老虎"前期囊括了洪峰、叶兆言、铁凝、张抗抗、王蒙、梁晓声等在文坛极具号召力的当代小说家，策划人要求小说家按照设定的标准去创作作品，主要是价值观念稳定，有理想主义和童话色彩。《中国图书商报》刊登的"金布老虎"爱情小说征稿启事明确提出，只有那些背景为城市生活，受众定位为知识分子阶层，充分体现中国古典浪漫主义精神，构思精巧独到，情节动力和悬念制造淡入浓出，而又不露痕迹的作品方能成功入选。随着畅销书运作模式的成熟，对选题策划进行把关已是畅销书出版的必要环节。很多出版机构有意识地以流行的受众阅读兴趣确定出版方向，推出类型化、系列化畅销书。比如长江文艺出版社、春风文艺出版社重点打造的青春文学系列，"悦读纪"推出的定位女性为目标受众的言情小说、穿越小说。国外畅销书的把关标准更为严格。加拿大著名言情小说出版商禾林公司挑选作品时，内容创意、作者对文字的把握能力以及作者的身世背景都在考虑范围之内。这些说明出版社对畅销书运作有着清晰的规划，作品内容、畅销因素都是事先定好，作者只需按照出版社的策划要求写出作品即可。畅销书策划完全打破传统被动型的编辑模式，体现了浓厚的编辑主导意识。

二　组稿创作：职业传播者把关的核心环节

畅销书选题获得通过，得到出版商的认可后，第二个"门区"是组稿创作环节。大众文化语境下的畅销书越来越考虑流行趣味，体现了职业传播者从创作阶段便开始了对畅销书的选择性把关。以当代著名作家毕淑敏撰写的畅销书《拯救乳房》为例：首先，为了符合"好卖"和"好定价"的要求，出版社压缩了作品字数，40万字的内容最终只有25万字成书。其次，以《拯救乳房》取代了作者最初拟定、更贴近作品内容的书名《癌症小组》，原因是出版社认为受众会望"癌"却步，原名会变成阻碍受众阅读的屏障。职业传播者提前介入畅销书写作，作者自然很难保持独立性，创作主体的心灵独立性屈从于市场的现实利益："写作就是依照出版社罗列出来的条条框框填字，写出的作品都不是我们思想感情的体现，真正来自心灵深处的文字，没有人帮你出版。"① 毕淑敏谈及《拯救乳房》出版过程时也承认："这是一个不得不做的妥协，希望更多受众读这本书是唯一的理由。"② 职业出版者以一种非显性的把关方式压迫作者在写作过程中殚精竭虑地配置畅销因素，作品原有的意义或增加或丧失，图书出版由知识思想的传播变成一个商业性的营利行为。

三　职业传播者推动了畅销书流水线生产

由于畅销书首要强调的不是作品的审美属性，而是作品的可接受

---

①　阿依娜扎尔·阿布力孜：《图书编辑的选题策划创新意识研究》，《传播与版权》2014年第3期。

②　《毕淑敏与〈拯救乳房〉》，2006年4月18日，瑞丽论坛（http：//www.rayli.com.cn/0005/2006-04-18/L0005006_160242.html）。

性、易读性，为了保证高效、有序地生产，职业传播者采用工业生产线的方式批量生产。著名出版商路金波签约的畅销书作者郭妮，曾在一年之内连出14本小说，销量达500万册。丰厚产量背后凝聚的是聚星天华团队的几十个编辑的努力。一本书内容被设定为可拆卸的三大情节、十二个小故事。任何一个故事都可以替换，每个章节都是流水线上的零件。编辑负责筛选主题、设定人物情节，编出1000字左右的故事梗概。郭妮只负责将故事梗概演绎成10万字的小说。路金波还根据作者特点将公司的畅销书生产线分为16—22岁的女生浪漫文学、12—18岁的少男幻想文学和16—22岁男生幽默文学。文化工业的操控模式不断地被复制在畅销书的生产上，丹尼尔·笛福对此精辟地论述道："书商是制造厂主或雇主，众多作家、作者、抄写者、次等作家，以及所有舞文弄墨的人，都是受雇于这些所谓制造厂主的工人。"①

四 网络时代职业传播者把关方式的转变

图书编辑深度介入图书选题和组稿创作常见于对已有一定名气作家的约稿过程中。在网络写作盛行的当下，出版商可以通过网络点击率、网民评价判断一个网络选题是否能够畅销，把关变得更加高效和快捷。"诛仙"系列、"鬼吹灯"系列，安妮宝贝的《八月未央》和《二三事》，何员外的《毕业那天我们一起失恋》都是先在互联网上获得极高点击率后出版，《幻城》《杜拉拉升职记》也是由互联网短篇小说扩写而成。随着大数据技术在图书出版领域的应用，利用互联网受众行为数据指导畅销书生产，实施精准策划与智能策划正在变为现实。各类社交媒体、论坛、搜索引擎、电商平台、阅读App，集中了大量的用户浏览记录、购买记录、网络评论，出版社可据此分析目标受众喜爱的作家、图书类型、内容元素、社会热点议题，在组稿创作环

---

① 转引自［美］刘易斯·科塞《理念人》，郭方等译，中央编译出版社2001年版，第44页。

向作者提出有数据支持的写作建议，在策划环节也可根据目标受众的性别、年龄、职业、阅读偏好，选择合适的推广方法。总之，整个畅销书传播过程都建立在海量数据分析的基础上，不再仅凭编辑的个人经验或小范围的市场调查数据。2014年京东商城推出人物传记《大卫·贝克汉姆》，就是京东根据1700多万条大数据发现用户偏好人物、文学、经管、生活类图书，结合当年世界杯足球赛，为其用户（京东用户男性占六成，年龄以22—40岁为主）定制的图书。未来，大数据收集和处理功能向更高阶段发展，定制化生产引起的产业链上下游关系的改变将对畅销书的职业传播者构成以及把关方式产生深远影响。

图19　京东定制书《大卫·贝克汉姆》图书海报

第三章 畅销书受众研究

为进一步了解畅销书受众的接受心理,本书在定性分析之外,对西安市嘉汇汉唐书城、西安图书大厦两大图书销售市场进行了实地调研,并辅以网络调查,共发放问卷300份,回收有效问卷285份,其中男性135人,女性150人,共有学生85人,其中包括本科生、研究生45人。以下是相关分析及结论。

第一节 畅销书受众调研数据分析

由于畅销书追求利润最大化,面对的是社会大多数人群,具备一定教育水平的人都有可能是畅销书的受众,都有可能购买或阅读过畅销书,故此次调研以购买频率作为统计标准,描绘出畅销书核心购买人群的主要特征。

一 畅销书核心受众:学生群体和职业人士

畅销书核心受众的第一类群体是学生。该群体又可细分为13—17岁的初、高中学生和18—25岁的本科生、研究生。前者阅读兴趣浓厚但阅读时间有限,圈层意识、参与意识较强,个性张扬,对畅销书的外观、版式有个性化的要求。后者阅读兴趣兼顾学业与生活,阅读需求相对多元化。两者共性是网络媒体接触率高，消费出于个人喜好，对传统广告不敏感。

畅销书核心受众的第二类群体为25—45岁年龄段的职业人士。这一年龄段的人群学历层次较高，需要随时充电提升个人能力，具有了解世界、追逐社会发展的强烈需求，阅读比学生群体更广更深，不局限于同一题材、同一作者、同一出版社的畅销书。该群体对阅读潮流也较为关注，希望与社会话题保持一致，即使暂时没有购书需求，也愿意及时了解畅销书信息。在本次调研中，该群体本科学历受众所占比重最大，约占总人数的45%，拥有硕士及以上学历的受众约占总人数的10%，高中或大专学历的受众约占总人数的39%，学历为高中以下的受众约占总人数的6%（见图20）。

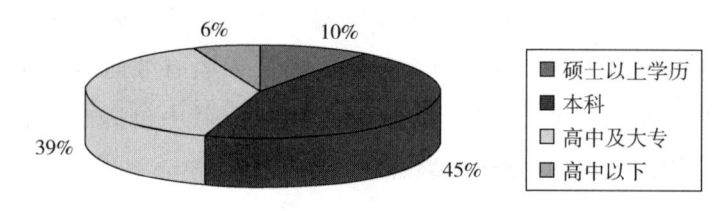

图20 25—45岁畅销书受众学历结构

二 畅销书是图书阅读的首选类型

数据显示，61%的被访者每天阅读时间至少半小时，周阅读时间3小时以上；28%的被访者周阅读时间为1—3小时，1小时以下的被访者占9%，几乎不怎么读书的被访者占2%。受众阅读率高，与智能手机、Kindle电子书等移动阅读设备普及关系密切。2016年4月发布的《第十三次全国国民阅读调查》显示，我国成年国民手机阅读率达到60%，人均每天手机阅读时长为62.21分钟，比2014年增加28.39分钟。[①] 智能

---

① 《第十三次全国国民阅读调查结果公布》，2016年4月9日，新华网（http：//news. xin-huanet. com/politics/2016-04/19/c_ 128907616. htm）。

手机、电子书方便随身携带，填补了受众碎片化的时间，也使得畅销书阅读不局限于纸质实体书：87%的被访者在近三个月内阅读过一本以上的畅销书（包括借阅、网络浏览、购买各类方式），41%的被访者业余时间所读图书都是畅销书，其中实体书阅读率高于电子书，但畅销网络小说的电子书阅读率明显高于实体书。

三 不同人群对畅销书题材的偏好

畅销书出版以目标人群精准定位，深度细分，形成了类型出版的态势，相应地，不同受众群体对畅销书类型偏好也有所不同。畅销书阅读的类型化特征十分明显。

（一）年龄因素与畅销书题材选择之间的关系

爱情题材在学生群体中最受欢迎，29%的18岁以下学生群体和44%的18—22岁学生群体将该类型列为最喜爱的畅销书题材。另外，32%的该年龄段被访者将玄幻题材畅销书列为首选类型。究其原因，主要是因为学生群体较为青涩懵懂，对爱情有着朦胧的憧憬，爱情题材的青春畅销书迎合了他们对纯美爱情的渴望；玄幻小说天马行空，任凭想象力自由发挥，满足了这个年龄段学生的好奇心。

22—35岁这一年龄段的受众群体入职不久，经常被现实碰得头破血流。竞争的压力、成长的阵痛使其更加关注与现实生活相关的题材，希望从书籍中寻找慰藉，找到解决现实问题的方法。该群体对言情题材（包括现代言情/都市小说）、励志成长题材、名人传记（主要是商业人物传记和媒体人物传记）、历史文化题材较感兴趣，这几类畅销书首选率分别是27%、35%、18%、16%。该群体选择玄幻畅销书的比例也相对较高。

35岁以上的受众群体的畅销书选择在多元化的基础上兼具理论深度和文化内涵。他们阅读的畅销书主要类型为严肃文学类、历史文化类、养生保健类、时事政治类。严肃文学题材中既包括《红岩》《骆驼祥子》等具有时代感的红色文学作品和《活着》《围城》《平凡的世界》等经典文学名著，也包括卡勒德·胡赛尼《追风筝的人》、加西亚·马尔克斯《百年孤独》等国外文学作品。在历史文化类畅销书的选择上，这一年龄段的群体和年轻人群有显著区别。娱乐性让位于对真实历史的追问和思索，他们更多青睐较严肃的历史文化类畅销书，例如《历史的教训》《货币战争》《文化苦旅》。

（二）性别因素与畅销书题材选择之间的关系

从性别角度来看，女性情感细腻，注重感情生活，有超过一半的女性受众偏好言情类畅销书，包括都市言情、古代言情和青春文学。其中都市言情类最受欢迎，约占49%；古代言情类和青春文学类也较受女性受众欢迎，分别占40%和14%。其他得到女性受众喜爱的畅销书题材（多选题）依次分别为名人传记类（32%）、励志成长类（24%）、历史文化类（23%）、玄幻类（17%），悬疑类（15%）、严肃文学类（15%）、时事政治类（7%）、科技类（7%）。男性受众选择畅销书的类别分别是（多选题）：历史文化类（43%），悬疑类题材（35%），玄幻类（28%），名人传记类（24%）、时事政治类（21%）、励志成长类（20%）、严肃文学类（19%）、科技类（15%）、言情类（13%）。

根据以上数据可以发现，女性受众阅读畅销书相对集中，主要集中在言情类、名人传记、励志成长类、历史文化类四个题材。男性受众爱好广泛，阅读言情类畅销书比例不高，对玄幻类、悬疑类、时事政治类、科技类题材的兴趣远高于女性群体。在各类畅销书细分题材的选择上，男性和女性也有明显差异。励志成长类题材方面，男性更偏向励志题材，关注事业发展；女性注重自我精神、内心的提升，更喜爱"心灵鸡汤"式的题材，例如《遇见未知的自己：都市身心灵修行课》《魔法森林：秘密花园》《奇幻梦境：一本漫游奇境的手绘涂色书》。历史文化题材方面，女性被访者对文化类题材选择率高于历史类题材17%，男性被访者没有明显偏好。名人畅销书中，男性被访者喜爱与政治名人、企业名人有关的畅销书，如傅高义的《邓小平时代》、沃尔特·艾萨克森的《史蒂夫·乔布斯传》、李开复的《做最好

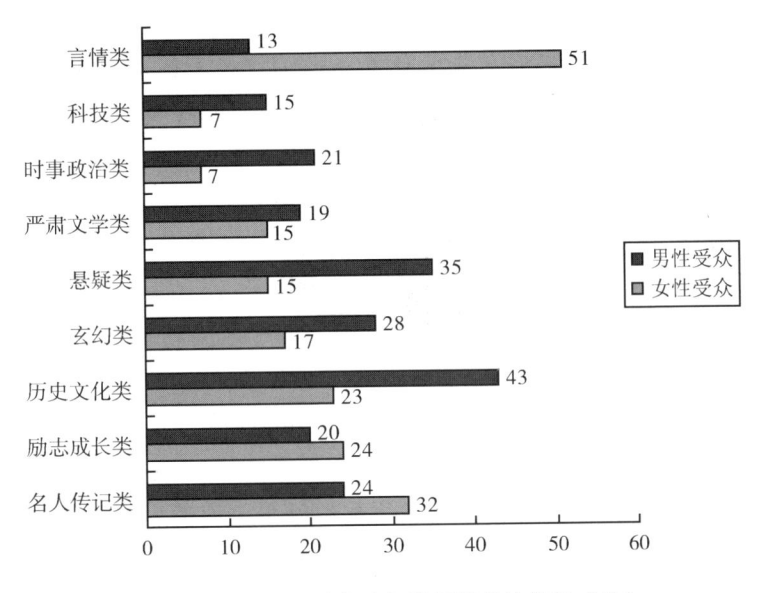

```
言情类      13 / 51
科技类      15 / 7
时事政治类  21 / 7
严肃文学类  19 / 15
悬疑类      35 / 15
玄幻类      28 / 17
历史文化类  43 / 23
励志成长类  20 / 24
名人传记类  24 / 32
```

■ 男性受众
■ 女性受众

图 21　不同性别受众对各类畅销书的偏好（%）

的自己》、冯仑的《野蛮生长》。男性被访者选择这两类的比例分别比女性被访者高出 18%、14%，而女性被访者则对演艺明星畅销书更感兴趣，选择该类型的比例比男性高出 22%，对媒体从业人员撰写的畅销书，男性女性被访者偏好没有明显差异。

四　畅销书受众消费行为分析

（一）口碑和题材是影响受众购买畅销书的关键因素

为了研究畅销书受众的消费心理，笔者设计了如下题目：购买畅销书时，什么是影响你购书的最重要因素？选项包括媒体宣传、作者知名度、图书题材、口碑因素、畅销书排行榜。统计结果显示，285 位被访者中有 75 位认为口碑因素是影响购书的最重要指标，占总人数的 27%，越频繁购买畅销书的被访者越注重口碑因素。23% 的被访者将图书题材列为影响购书的第二个重要因素。此外，选择作者知名度、媒体宣传、畅销书排行榜三项的被访者比例为 20%、17%、13%。以上结果表明,媒体宣传、畅销书排行榜能在一定程度上起到广而告之的作用,却不是受众购买畅销书的关键因素,受众易受口碑因素影响,畅销书消费具有一定的从众心理。

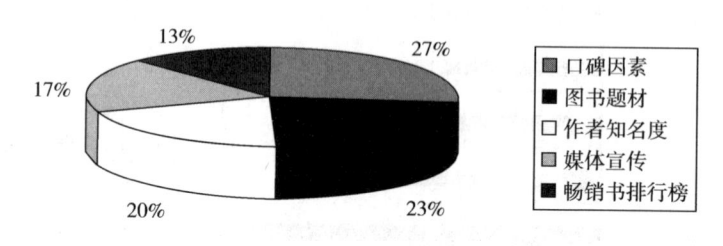

图 22 受众购买畅销书的制约因素

（二）畅销书消费线上与线下并重,以线上消费为主

虽然网络购物已是当前消费者购物的常态,但是畅销书消费呈现出线上与线下并重,线上略高于线下的特征。近一年内购买畅销书的被访者中,68%购书时采用了线下实体书店和线上网络平台两种渠道,只通过网络渠道、实体书店购买畅销书的被访者仅有21%和11%。同时进行线上和线下消费的人群中,56%偏向线上购买;19%偏向线下购买（以购买单本书为主）;25%认为自己没有明显偏好。80%采用线上购买畅销书的被访者认为自己在未来一段时间内不会放弃线下购买,其原因在于畅销书属于内容产品,需要仔细浏览后才能判断对内容是否感兴趣、图书质量是否优秀。偏好线下消费的被访者通常时间较多,逛书店频率较高,购书随机性较强。初高中学生因为经常去书店购买教辅资料,畅销书线下消费也相对较多。偏好线上消费的被访者以职场人士居多,网络购书方便、省时和折扣力度大是其线上购买的主要原因,而且他们往往会一次性购买多本书。

（三）网络评价与其他因素交叉影响畅销书购买决策

互联网时代消费者生活形态发生了显著变化。传统的 AIDMA 营销法则（Attention, Interest, Desire, Memory, Action）被 AISAS 模式（Attention, Interest, Search, Action, Share）所取代。这一新营销模式

强调了互联网消费者在注意商品并产生兴趣之后的信息搜索（Search）和产生购买之后信息分享（Share）的重要性。CNNIC（中国互联网络信息中心）发布的《中国网络购物调查研究报告》显示：90.2%的网民会在原购物网站商品下方发表评论，近八成网民购买大多数商品前都会查看商品评论。① 同样，畅销书受众的购书行为日益受到网上书店用户购买评价的影响；73%的被访者会在购买前查看图书评价。值得注意的是，这里的网络评价不仅是网上书店用户的购买评价，还包括有更鲜明文化特征和更强烈归属感的垂直类图书社群的受众点评。

（四）学生群体与其他群体畅销书购买行为比较

学生群体具有一定阅读习惯，重复购买率高，品牌忠诚度高。33%的学生会出于支持自己喜爱的作者的目的购买畅销书。88%的学生愿意为畅销书衍生品（根据畅销书改编的电影、游戏、卡通玩偶）消费，表示"十分愿意"的被访者占25%；"比较愿意"的被访者占36%；"愿意"的被访者占27%。而在30岁以上的被访者中仅有55%愿意为畅销书衍生品消费，并且这一比例在40岁以上群体中迅速滑落至38%。对于那些由网络小说改编或直接出版的畅销书，即使已经读过，学生群体依然有着较高的购买意愿，占被访学生群体比例的64%，也高于其他年龄段人群。收藏实体书、体验不同的阅读方式、支持作者是他们购买这类畅销书的主要原因。

（五）畅销书大众传播媒介影响力分析

大众传播媒介对受众购买畅销书的影响力（多选题）依次为网络媒体（71%）、电视媒体（53%）、报刊媒体（34%）、卖场POP（19%）、广播媒体（8%）。受众使用各种网络媒体获取畅销书信息的情况（多选题）如下：微信（32%）、微博（74%）、门户网站读书频道（29%）、图书电商热搜榜（52%）、SNS社区（31%）。微博在畅销书信息发

---

① 中国互联网络信息中心（CNNIC）：《中国网络购物调查研究报告》，2008年6月4日，和讯网（http://tech.hexun.com/2008-06-24/106921844.html）。

布、话题传播、受众体验参与方面，作用颇大。电视媒体的影响力体现在影视—图书的联动方面；41%的被访者看到热播的影视剧、电视节目后会考虑购买实体书。

```
广播媒体     8
卖场POP     19
报刊媒体    34
电视媒体    53
网络媒体    71
         0    20    40    60    80
```

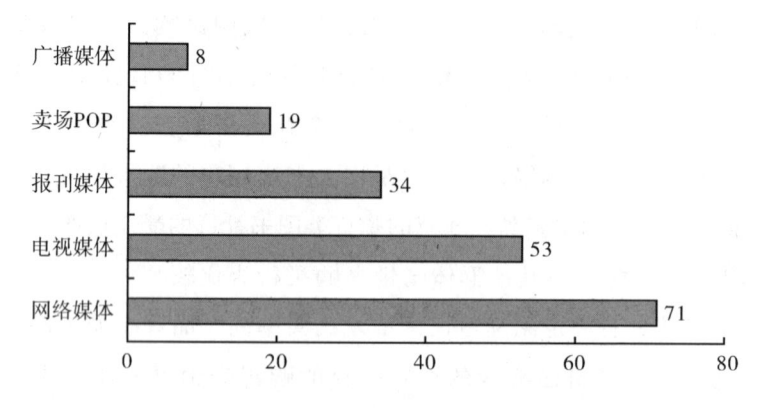

图23　大众传播媒介对受众购买畅销书的影响力（%）

```
SNS社区            31
图书电商热搜榜      52
门户网站读书频道    29
微博               74
微信               32
         0  10  20  30  40  50  60  70  80
```

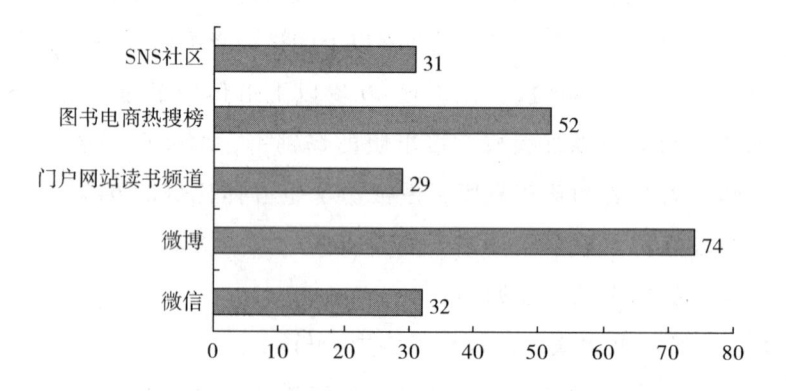

图24　受众使用各种网络媒体获取畅销书信息的情况（%）

这一点在"90后"人群中表现得格外明显。"90后"是在互联网陪伴下成长起来的一代，平均网龄达7.53年，日均上网时长达11.45小时，① 他们的媒介接触行为高度依赖互联网，互联网是其获取信息、

---

① 百度用户消费事业群组：《"90后"洞察报告》，2014年9月3日，新浪网（http://tech.sina.com.cn/i/2014-09-03/23169593481.shtml）。

购物的主要途径。本次调研中，高达56%的"90后"被访者关注了自己喜爱的畅销书作家微博，十分乐于通过社交媒体与畅销书作者、出版商互动，并且85%的"90后"被访者经常分享畅销书阅读心得和购书体验。

（六）畅销书受众需求动机

调研发现，受众对畅销书和经典图书在需求动机上存在明显差异。被访者（53%）阅读经典图书主要是为了陶冶情操，获得纯粹的精神享受，而大多数被访者（68%）阅读畅销书的动机却是娱乐休闲。许多被访者坦言，工作、学习压力很大，业余时间不愿意再看深奥晦涩的图书，畅销书文字轻松幽默，篇幅短小，正好让他们放松身心。此外，畅销书受众需求动机也并非完全纯粹的娱乐消遣，追求内容的实用性，即畅销书对学习、工作、生活的参考利用价值也是购书的目的之一，一本畅销书可以同时满足受众两三种的需求。这主要反映在非文学类畅销书方面。本次调研中，参考性动机就以72%的比例高居励志成长类、健康饮食等畅销书的购买动机榜首。马克·卢普曾将知识划分在工作、决策和行动中有用的实际知识，满足思维好奇心的智力知识，闲谈、消遣知识，精神知识和偶然获得的多余知识五类，畅销书内容以前三种为主，受众倾向于通过畅销书获得实用价值，满足娱乐需求，但长期阅读这些内容将造成知识结构简化，缺乏深度。

第二节 畅销书受众阅读心理分析

当前，畅销书受众购买一本畅销书不再是为了正襟危坐地研读，也并不完全是娱乐休闲的阅读需求，而是为了满足自己的某些隐性需求。在这种心理下，受众阅读目的较为随意，畅销书的内容、品位已不重要，被潮流裹挟不由自主，追求畅销书的符号价值或是满足一份好奇心，才是受众购买畅销书的深层次原因。

一 从众心理

从众是一个社会心理学概念,是指由于群体压力而引起的个体行为或信念的改变。当个人不确定哪个决定正确时,大多数人肯定会遵从群体意见。畅销书受众从众心理的产生与受众的不确定性有密切关系。不确定性来自对图书内容的不确定和图书选择的不确定性。图书产品虽然单本价格不高,却是内容产品,需要花费大量时间阅读,才能对该书有一个全面的评价。另外,在信息时代信息爆炸的态势下,图书市场品种呈几何倍数增长。2015年,全国共出版图书44.8万种,较2014年增长6.1%,总印数86.6亿册(张),增长5.8%。① 图书市场出版种类多,同类题材的图书数量庞大,受众陷入图书的汪洋大海,没有时间和精力快速辨别哪一本书更适合自己,因此参考大多数人的阅读行为,也是明智的。

畅销书从众心理源于人的社会属性。传播学者唐纳德·L.肖等人在《个体、群体和议题融合:社会失调理论》一文中指出了个体的社会性要求:个体要求归属于一定的群体。畅销书体现了大众对某本书内容的认同,购买标榜"畅销"的某一新书对受众来说,意味着获得信息的优越感和保持与社会良好接触的安全感;对畅销观念的同步消费,又使受众有共同的兴趣和认识,交流沟通更加容易。

参考群体是影响个体态度和行为的群体。崇拜群体(意见领袖)和参考群体中的归属群体(家人、朋友、同事)对畅销书受众的态度、购书意愿有直接影响。例如,李开复转发了一条含有购书链接并介绍图书《Facebook效应》的微博,当天卓越网销量达到平时的5倍。学生群体和年轻人平时大多过着群体生活,群体归属意识较强,

---

① 《2015年中国出版业营业收入同比增长8.5%》,2016年8月24日,新华网(http://news.xinhuanet.com/book/2016-08/24/c_129251768.htm)。

崇拜明星、名人，易产生从众心理；女性相较男性群体更易产生从众心理。一项针对大学生图书阅读的研究结果显示，女性和男性在阅读中存在从众心理的比例分别占到该群体总人数的65.33%和34.67%，文学书籍和影视书籍尤甚。71.82%观看文学书籍的女生和68.7%观看影视小说的女生有从众心理，而观看文学书籍的男性和观看影视小说的男性存在从众心理的比率分别为28%、31.3%。①

畅销书受众个体是否从众及从众者的数量受群体意见一致性的人群数量和总人群数量的影响。从众性的强弱随一致性人数的多少而变化，一致性的人越多，从众性越强，反之就弱。群体人数增加时，从众量会增长很快。② 这也可以解释为何一本书一旦由具有社会公信力的团体、意见领袖推荐，或是一旦获得某个文学奖便能够登上畅销书榜。因为这些都表明群体意见趋于一致。于是，信息压力和趋同心理共同形成了畅销书传播的"滚雪球"效应：一本图书经大量意见领袖的推荐和媒体大规模宣传后，被一部分敏感性强，求新心理突出的时尚性受众关注，他们率先购买。图书经他们不断介绍，互相传阅，很快被潮流型受众所接受，接下来销量不断冲高，登上畅销书排行榜。畅销现象又引发了众多受众的好奇，这些人看到购书的人多，也跟随购买，从而吸引更多的人从众。

二　炫示心理

法国思想家鲍德里亚的符号消费理论认为，人类社会已经进入全新的消费社会。消费社会以符号消费为主，是一种操纵符号的系统性行为，人们消费不再是为了对物的占有、使用、消耗，消费的对象也不只是单纯满足人们的物质需求，它还承载着满足人们精神需求的价值，通过消费实现自我，展现社会身份和文化差异，这就产生了商品

---

① 俞华华：《受众阅读从众心理调查研究——以浙江财经大学东方学院为对象》，《山东图书馆学刊》2016年第6期。
② 白兰英：《读者购书的从众心理分析》，《出版发行研究》2017年第1期。

的符号价值。相应地，物的消费也转化为符号消费。畅销书兼具物的使用价值和符号价值，体现消费者的个性特征，某种意义上是身份辨析、群体认同的符号，一种炫耀的手段。受众购买时需要考虑畅销书提供了什么样的社交价值，可以帮助他们完成什么样的社交任务？书中的信息是否能够提供谈资，是否能够表达他们内心想法从而影响他人？是否能够为其提供思想或现实的帮助，是否能够代表一定用户阶层或受众群体的品位和形象？[①] 例如，《蛋白质女孩》（简体版）一个月内售出15万册，书中充满台北独特的文化符号。"有在诚品书店约会的高级虚伪，有Room18 Pub里的装模作样，这些时尚符号给受众一种假想的群体认同，通过阅读进入一个拟态的品位群体。"[②] 再以《时间简史》为例，虽然大多数受众信誓旦旦称他们喜欢它的思想，追求的是蕴含在书中的知识。事实上这类作品的畅销只是证明，受众追寻的是晋升的符号。《学习的革命》一书的广告语更是声称："《学习的革命》是每一个人迈向21世纪的护照。"这种语句对受众而言颇具心理暗示意味，它其实在说，畅销书这个"能指"所指代的符码意义，比内容更为重要。

流动的符号意义填入了畅销书文本，建构了受众与某个阶层一致性的群体认同，也区隔了与其他阶层的差异。在出版商巧妙的营销策略配合下，受众通过对畅销书文本里对社会地位、身份符号的成功解码，实现了对本是单一含义的畅销书象征意义的追逐。

三　好奇心理

美国心理学家马斯洛曾说过："我们就应该假设人有一种对理解、组织、分析事物、使事物系统化的欲望，一种寻找诸事物之间的关系

[①] 刘肖、董子铭：《小众社群·分众直播·大众口碑——基于移动社交的垂直类图书营销模式调查与分析》，《中国出版》2016年第12期。

[②] 谢慧玲：《两岸流行文化的消费与传播——以上海、台北两大城市青少年作为观察》，博士学位论文，复旦大学，2004年。

和意义的欲望，一种建立价值体系的欲望。"① 人类普遍的好奇天性使其天然就有对未知事物保持着强烈的求知欲，设置受众感兴趣的元素，利用受众的好奇心理是畅销书市场屡试不爽的法宝。如《哈利·波特》《达·芬奇密码》《鬼吹灯》等悬疑类畅销书情节无一不是悬念丛生、神秘莫测，魔法、密码、教堂、墓地这些元素吊足了受众的胃口，将悬疑两个字做到极致。在宣传方面，出版商也竭尽能事，将《藏地密码》宣传为"一部探密西藏的宝典"，《百家讲坛》"正说历史"系列图书封面写着"解密历史真相，走出戏说误区"，《刘心武揭秘〈红楼梦〉》也以"揭秘"二字极大地调动了受众的阅读兴趣。畅销书《秘密》更是直接以"秘密"命名，不仅图书封面印有浮凸的蜡质封印图样、古老的仿羊皮纸以及羽毛笔触的字迹，而且文中语言竭力渲染神秘的气息："了解这个秘密，就没有做不到的事；不论你是谁，你想要什么，这个秘密都能给你……所有读过此书的人，生命都发生了巨大改变。"

好奇心理结合名人元素，就会变为猎奇，引发"群体窥视"。电视节目主持人、影视明星依靠媒介建构了自己的神话性存在，他们是偶像，更是谜一样的存在，成为富含内在意蕴的符码。② 受众阅读名人畅销书，了解了公众人物冠冕堂皇背后不足为人道的一面，在从未知到已知的过程中获得了破除权威的快感和愉悦。对受众好奇心理的利用和迎合也使得名人畅销书不核实小道消息的真实性，曲解意义，歪曲制造所谓的"绯闻"做"卖点"，忽视名人的隐私权，既造成了出版社之间的恶性竞争，也在不知不觉中破坏了受众对图书产品的体验。

---

① 李凌芳：《掌握受众的心灵密码——畅销书背后的受众阅读心理解读》，《出版发行研究》2010年第5期。

② 李孝弟：《名人与名人书：一场大众娱乐的消费盛宴》，《中国图书评论》2016年第12期。

第四章 畅销书媒介推广研究

当前，只有受众的注意力才是稀缺的资源。全国每年图书库存量已从 2005 年的 482.92 亿元已飞涨到 2013 年的 884.05 亿元①，北京开卷图书公司监测结果显示，超过六成的品种上架一个月却连一本都卖不出去。为了吸引受众注意，我国畅销书运作以大众媒体传播广告信息、事件媒体契合畅销书内容引发关注，通过媒介联动营造的媒介环境对大众施加强大的影响力，形成畅销。

第一节 畅销书传播媒介分析

一 传统媒体强势传播

1. 畅销书广告

英国学者苏特兰曾说："宣传是畅销书制的第一语言。"广而告之，促使受众看到、了解畅销书信息是畅销书宣传的基本要义。时至今日，畅销书已经开发出多样的广告形式。

《学习的革命》首开畅销书大众媒体广告之先河。1998 年 12 月 8 日，文化名人谢晋在中央电视台《焦点访谈》黄金广告时间为《学习

---

① 刘拥军：《中国图书市场与库存现状及对策》，《中国出版传媒商报》2015 年 12 月 29 日第 22 版。

的革命》代言。科利华集团共投入广告费 2000 多万元，不到一年《学习的革命》便销售 858 万册，创造利润近 1 亿元。然而电视广告费用巨大，此后多年，投放者寥寥。2004 年，中国青年出版社引进韩国小说《爱的语法》，投资 500 万元聘请韩国明星张娜拉、淳津录制电视广告，在全国 53 家电视台播出。2009 年，北京时代华语图书股份有限公司选择中央电视台《新闻联播》《新闻 1+1》《海峡两岸》《中国财经报道》等栏目，推出 15 秒广告《天险变通途》，广告语为"时代华语图书——决策者读的书"，主推《领导干部决策大参考》《论剑》《领导干部读经典》《领导干部大讲堂》四个系列 102 本图书，共投入广告费 6000 万元。①

较之电视广告，畅销书户外广告略多。新经典公司为村上春树作品《1Q84》在北京东三环、北三环、西北三环的公交候车厅投放了广告；京东出版的大数据畅销书《大卫·贝克汉姆》投放了北京候车亭广告；凤凰联动选择北京各区的高端楼宇视频和地铁，宣传旗下的三本书：《婚姻，决定女人的一生》《悬崖边的贵族——蒋友柏：蒋家王朝的另一种表达》《二十四节气饮食法》。

但是总体来说，图书出版业利润微薄，单本图书营销费用有限，加之畅销书产品生命周期短，不能重复消费，收益有限，出版社态度极为谨慎。上述图书广告投放主体各异，图书种类不同，目的都不是单纯做图书广告。《爱的语法》定价 23 元，销售 50 万册才能收回 500 万元广告成本，中国青年出版社为其做电视广告，是为该书改编的电影、电视剧造势。科利华集团、时代华语公司投放电视广告，深层意图是扩大影响，谋求上市。凤凰联动也是看中了高端楼宇视频良好的品牌氛围，能够有效提升公司品牌价值，帮助公司从出版行业品牌向公众品牌过渡，才投入百万广告费。因此，为图书做广告不是行业惯

---

① 《为卖书 时代华语 6000 万广告费砸向央视和省级卫视》，2009 年 2 月 26 日，网易（http://news.163.com/09/0226/15/533B0EJT000120GR.html）。

例，不具有可复制性，畅销书要想从同一时期铺天盖地的图书海洋中脱颖而出，还需要利用大众媒体的评论文章、排行榜等软性广告形式激发受众的购买欲望。

2. 书评

书评是一种意见传播，承载着书评人对图书内容价值的分析判断，是一种观点性结论。亚里士多德在《修辞学》中论及演讲效果时说：现在的说服手段有两种，演讲本身和演讲之外提供的证据。他将图书广告比喻成"演讲本身"，书评比喻成广告之外提供的"证据"。广告和演讲一样都是为了劝说，书评则使这种劝说更具说服力。[①] 在琳琅满目的畅销书市场，大众媒体对一本好书的评价，很大程度上为受众提供了购买依据。

几乎任何大城市的主流报刊、娱乐报纸，都或多或少地辟有书评、读书专栏。例如《东方早报》的"上海书评"，《经济观察报》的"书评增刊"。但传统媒体对书评要求较高，特别是名报名刊，要求刊登的图书专题、书讯信息和报刊定位之间有较高的契合点。当代西方知名大报《纽约时报》的主编毫不讳言地说："身为记者，我们的第一关就是决定哪本书具有新闻性，值得撰写书评。""我们是新闻记者，我们报道有新闻性的书籍，不是宣告新书上市而已。"2013 年《三联生活周刊》之所以为畅销书《邓小平时代》推出 100 页的专题《重新认识邓小平》，详细介绍其写作情况，正是看重该书的内容分量和首发之日恰逢邓小平南方谈话 21 周年的新闻价值。

书评还可跟随图书一起印刷，比如《追风筝的人》专门用了四页内文刊登《纽约时报》《华盛顿时报》《芝加哥论坛报》《加拿大环球邮报》的权威书评。《桃李》的封底则是杨绛先生由《围城》读到《桃李》的一段话。此类书评或冠以权威大家评语，或冠以名门标志，

[①] 刘卫、左衡：《图书宣传的三个步骤——新闻媒介、人际交流与从众意识对图书传播的交互作用》，《编辑之友》1999 年第 9 期。

煽动性很强。

3. 畅销书排行榜的"榜效应"

畅销书排行榜由经销商、零售商等第三方机构运作。按时间分，可分为周榜、月榜、年榜；按空间分，可分为单店、连锁店、全国榜单。畅销书排行榜是畅销书机制的重要一环，将它称为畅销书市场的"寒暑表""风向标"毫不为过。大众媒体对畅销书排行榜的转载使其影响力不断扩大，覆盖了业内人士和普通受众两类不同群体，而且排行榜定期见报，也算是一种特殊形式的广告。出版社一般有专人负责畅销书排行榜追踪工作，每周收集资料，定期了解销售情况，组织打榜、守榜，通过打、守、追提升人气。

与图书公司排行榜不同，网络读书频道的排行榜分类更细，具有鲜明的网络特色。例如，网易读书频道的排行榜设有点击榜、新书榜、豆瓣好评榜、当当热销榜、各类图书月榜、跟帖榜等多个榜单类型。点击榜又分为总点击榜、周点击榜、月点击榜。新浪图书频道的排行榜则分为新浪好书榜和亚洲好书榜。好书榜总榜由省会书城、电商平台、开卷销售数据、专家意见、新浪编辑部意见综合生成，分榜结合出版社、媒体推荐意见，由知名评论家、媒体人和专业书评人组成专家评委评定。新浪亚洲好书榜是第一个面向畅销书的跨平台联合榜单，该榜单以出版之日起两月内的图书微博互动数、图书页面分享数、在线阅读独立 IP 数和实体书销售数四项数据综合得出，能够比较真实地反映畅销书受众的整体阅读情况。

二 新媒体互动传播

（一）集销售和宣传于一体的网上书店

当当、亚马逊、京东等网上书店占有当前图书市场 95% 的非教材类销售额，在畅销书传播中占据重要的地位。亚马逊网站在首页的显著位置设置了"本周特别关注""为您推荐""编辑推荐""名人访谈""热销排行"等栏目，还根据浏览数据，如"购买此图书的顾客还购买的图书"为受众智能推送图书信息。每一本书的购买页面既可显示购书热度，也有详细的评论内容。这类来自受众真实阅读体验的购买评价、浏览记录，有效提升了畅销书的关注程度。国外一项针对亚马逊和 Barnes Noble 电子商务网站进行的消费者在线书评影响力研究证实，评论态度和数量是影响书籍在线销售的主要因素。网站上书籍评分值越高，评论数量越多，书籍销售量越大。[①] 畅销书《你若安好便是晴天：林徽因传》就是由网上书店带动实体店销售的典范。此书开始并不是出版社推介重点，也没有什么特别的宣传方式，而是当亚马逊销量达到一定程度之后，出版社才通过亚马逊邮件系统向会员推送，又在当当、京东网站上做专题推广，如出版社淘宝自营店"聚划算，天天团购""京东周年庆电子书推介""当当网感恩节放松，礼品书限时抢"。随着网上书店向上下游产业链进行延伸，集图书购买、交流体验、宣传展示多种功能于一体，畅销书推广将更加倚重网络书店的宣传渠道。

（二）门户网站读书频道

读书频道是新浪、搜狐、腾讯、网易等主流门户网站必不可少的频道。这些门户网站的读书频道数量虽多，但差异不大。其结构都是链接的网页形式，都以图书单一主题为主线，设有新书推荐、资讯、书评、书摘、排行榜等栏目，立足新书推介，辐射整个出版业，在栏目设置上呈现出很强的趋同性。相对来说，腾讯读书频道多是面向年轻用户，刊登原创性文章。搜狐和新浪的读书频道栏目设置更为丰富，打开搜狐网站的读书频道首页，首先映入眼帘的是滚动屏幕的新书信息，图书封面的大幅图片旁，是新书的详细介绍，下面栏目依次排序为"书见风云""访谈""书评""读书会""好书"。

门户网站读书频道对推介图书的选择标准有两个，一是畅销书；

[①] 袁舒：《从两级传播看图书的网络口碑营销》，《新闻世界》2013 年第 9 期。

二是点击率，侧重畅销书和趣味书。① 图书销量、话题性、内容的趣味性决定了一本图书能否得到读书频道的大力推荐。门户网站读书频道覆盖人群广泛，受众数量庞大，更适合为大众类畅销书做广度传播，不太适合受众面过窄、专业性强的图书。具有名人效应的大众畅销书《蔡康永的说话之道》除了微博全程宣传之外，便利用新浪、腾讯、凤凰等多家门户网站的读书频道进行推介，发布作者的信息和图书精彩内容摘录，并在腾讯读书频道做内容连载，让受众对图书有了全新的认识。

（三）以兴趣属性聚集的社会化媒体

1. 微博

微博是基于用户关系信息传播和交流的平台。任何用户都可以发布信息，并附加多媒体或长篇内容。截至 2016 年 12 月，新浪微博月活跃用户全年净增长 7700 万，增至 3.13 亿，人均月使用 305.9 分钟，月使用总次数 202.5 亿次，高价值用户比例高达 76.3%。② 微博互动、高效的特征和基于兴趣的关系链使其成为畅销书网络宣传的常规途径。在新浪微博搜索栏输入出版关键词，共有机构认证用户 1486 个，个人用户 9239 个。上海钟书实业有限公司、磨铁图书、万榕书业等民营图书公司，人民文学出版社、商务印书馆、社会科学文献出版社等全国出版社，甚至牛津大学出版社、北京大学出版社这些大学出版社和出版小众读物的中国摄影出版社、人民法院出版社亦开通了微博。"金黎组合"、畅销书知名策划人路金波和畅销书作家南派三叔、饶雪漫、于丹、郭敬明都通过微博进行畅销书推广，涵盖新书简介、宣传视频、作者介绍、签售活动、销量排行、新闻、微博书评等多种形式。

微博的优势在于畅销书相关热点事件、图书信息的扩散，以导流

---

① 汤雪梅：《网络图书馆与读者俱乐部——门户网读书频道与豆瓣网之比较》，《青年记者》2007 年第 3 期。

② 《微博活跃用户规模突破 3 亿》，2017 年 2 月 23 日，经济参考网（http://jjckb.xinhuanet.com/2017-02/23/c_136080494.htm）。

的形式引导受众去网络书店进行冲动型消费，因此畅销书微博传播侧重以各种方式提高信息转发，促进内容分享，包括微博新书发布会，有奖转发书讯随机赠送新书，话题讨论，征集书评。总结起来，畅销书微博传播的大致思路为：在图书上市初期，开展专题性宣传，注重内容介绍和引发话题；图书上市后利用作者微博、出版社微博与受众互动，并有节奏地引导话题，持续获得微博关注度；图书销量不断攀升时，微博配合线下活动，发布签售活动信息、现场花絮和活动后的新闻报道。例如，畅销百万的张小娴作品《谢谢你离开我》在上市前两周建立了出版社、编辑、作者、经纪人、网站、杂志多方联动的微博矩阵，微博持续发布带有内文语句、内文插图的信息；在预售期的关键节点，联合京东、当当网站发起参与有礼的微博转发活动，并精心设置"谢谢你离开我"微话题讨论。

2. 微信

微信比微博传播频率慢，适合深度介绍畅销书内容。一些阅读类微信公众号、出版社官方微信号每天推送不同内容，第一时间传播畅销书信息。在形式上有的是单一图文，有的融合视频，形成图文、视频的全媒体传播。随着技术的进步和受众接受度的提高，畅销书还经常使用二维码宣传图书信息。二维码是按一定规律在平面分布的黑白相间的特定图形，用来记录数据符号信息，由于它信息容量大，可承载文字、声音、图片、视频，实现信息获取、网站跳转、优惠促销、会员管理、广告推送、手机购物，畅销书宣传中常用其链接出版社或书友会的微信公众号、出版社官方微博，链接网上购书平台提供购书优惠，展现与图书内容有关的精选视频片断。二维码使平面、静态的图书，变成动态、视听全方位结合的产品，克服了传统图书宣传受制于版面，无法全面呈现图书信息的弊端，为受众带来立体式情境阅读的互动体验，也打通了线上和线下，在作者、出版商和受众之间架起了沟通的桥梁。

畅销书社群营销是畅销书微信宣传的一大特色。社群，原本是一个地理学领域概念，指某些地理区域内发生作用的相关社会关系，后在社会学领域指包含社群精神或社会情感的特殊的社会关系。微信社群可分为现实关系类、目的类、兴趣类三类。母婴保健、健康、IT等社群属于情感兴趣共同体，具有较强的文化特质和群体认同，比泛化类公众社群更适合类型特征明显的畅销书开展个性化和针对性的营销交互活动。微信公众号"罗辑思维"90分钟卖出8000套定价499元的丛书《未来站在你身后》，成人涂色书《秘密花园》在"经典绘本"大V店一天销售6843本。① 儿童书《世界上最大的蛋糕》通过"凯叔讲故事"数个微信公众号和数十个规模上千的妈妈群，上市一周首印1.2万册全部售罄，15天加印3.5万册，进入三大电商新书榜前10，日销量超过200本。② 2016年出现的"语音同步机器人技术"给畅销书微信社群传播带来更多想象的空间。该技术可在各自独立、缺乏联系的上百个微信社群实现语音直播，尤其适合作者知名度高、内容关注度高的畅销书。作者可采用主题讲座形式直接谈论图书内容、写作的幕后故事，增加受众对图书的兴趣；或以访谈形式，通过机器人向参与直播的用户群采集问题，选择典型问题释疑解惑，将对书籍的宣传植入问答之中。当然，目前微信社群直播只有易中天等极少数畅销书作者使用，它对作者的表达能力、内容把控能力和直播流程设计要求较高，任何一个环节出现纰漏都会影响宣传效果。

3. 网络社区

以图书为主题的网络社区中，豆瓣网无疑是最知名的一个。自2005年创立以来，豆瓣网致力于围绕书籍、电影、音乐进行兴趣社交平台的建设。截至2013年第三季度，豆瓣网月覆盖用户数达2亿，读书频道访问用户超过800万。豆瓣网借鉴了电子商务网站用户评论、

---

① 梁艺．《根植于社群：经典绘本从微信公众号走向大V店》，《出版广角》2016年第5期。
② 郑满宁：《泛社群营销：微信多群直播图书营销模式研究》，《中国出版》2016年第6期。

网站推荐和社交网站的元素,形成了一种以书为媒介的人脉关系网,体现了受众对图书的关注程度及喜好态度。它提供图书推荐收藏、同城活动、小组交流等多种功能,读书频道首页按"商—新—热—评"的顺序依次排列为"电子图书""新书速递""最受关注的书""书评人"。用户既可以加入兴趣小组,在线上交流、分享对一本书的心得体会,也可以参与线下的同城读书会。就单本图书而言,豆瓣网提供图书内容介绍、作者简介、目录、评价,几乎囊括了一本书的所有信息,特别是评价部分的评分、短评、书评、读书笔记,完全由用户生成。这种受众的聚众性、同质性和内容的分享性对畅销书来说非常关键。畅销书阅读具有"圈子阅读"的特性,一本受众喜爱的畅销书联结的是一个志趣相投的群体。当用户阅读书评,跳转到相应电子商务平台上完成购书,畅销书推荐群体就由熟人拓展到特定陌生人。此外,出版社可利用豆瓣网较强的意见征集和反馈能力,在畅销书前期策划环节直接产生畅销书内容选题;也可在豆瓣社区、读书频道的"新书速递"广告位投放全网广告,利用精准定向技术投放小组定向广告,将图书广告展现在相关话题页面,实现对受众的全面覆盖。豆瓣的同城栏目则可配合线上活动,发布新书签售信息和其他线下活动。

第二节 基于事件媒体的畅销书多媒体联动

大众的注意力总是被不同寻常的事件所吸引。事件媒体是指企业或组织在战略营销思想的指导下,策划、组织和利用具有名人效应、新闻价值以及社会影响的人物或事件,吸引媒体、社会团体和消费者的兴趣与关注,从而促进销售的活动媒体。[①] 畅销书传播利用事件媒体的"借势"和"造势"两种方式,把畅销书信息融入事件之中,结

---

① 纪华强:《广告媒体策划》,复旦大学出版社 2003 年版,第 99 页。

合了人际传播的口碑效应和大众媒体的影响力,具备短时间内最大限度地聚集受众注意力,发挥媒体传播效力的力量。

一 借势传播

(一)借助热点社会事件和文化事件

社会热点事件关注率高,传播范围广,在大众热点频出的时代,将畅销书与社会上受关注的热点社会事件捆绑在一起,往往能达到借力发力的传播效果。2012年7月,北京和周边地区突降60年来最强暴雨,地铁、公交、火车、飞机各种公共交通瘫痪。面对天灾,许多市民自发在水深处接送行人,参与遇险车辆、人员的救援工作。《正能量》图书策划人员敏锐地捕捉到这一事件蕴含的宣传效力,在各大论坛、微博推出"北京正能量"专题,"正能量"一词也成为网络热词。另一本畅销书籍《邓小平时代》精心选择了2013年1月18日邓小平南方谈话21周年之际首发,引发中央电视台《新闻1+1》《面对面》《人民日报》《光明日报》《南方周末》等十几家重量级媒体关注,新华社还连发十篇通稿。

"书即是新闻"(Books are news)。这一《纽约时报》长期奉行的理念揭示出图书作为一种文化产品所蕴含的新闻潜质。近年来,中国文化事件颇多,但影响力最广的事件莫过于作家莫言荣获诺贝尔文学奖。2012年,铺天盖地的莫言获奖的新闻报道推动他的作品销量迅猛增长:月销量达到获奖前的199倍,各大公司团购《莫言全集》作为年终奖品,30万套文集在一个月内一售而空。[①] 此外,《丑陋的中国人》《上海宝贝》《死亡日记》等富有争议性、内容敏感的图书先天就具备了被媒体关注的价值,甚至出现越争议越畅销的现象。余秋雨自传《借我一生》在足足被骂了一个多月后仍然首印40万册。媒体围

[①] 《莫言获诺奖作品销量增199倍》,2013年1月10日,新浪网(http://book.sina.com.cn/cul/c/2013-01-10/0955399582.shtml)。

绕《三重门》作者韩寒的骇俗之语以及他作为一个应试教育反叛者与少年"天才"作家的集合体,炒出了一波又一波的热浪,《三重门》的畅销也就是情理之中的事情了。

(二)借助影视媒体

我们正面临着一个丹尼尔·贝尔预言的视觉文化时代:"目前居'统治'地位的是视觉概念。声音和影像尤其是后者,组织了美学,统率了观众……"①"视听取代思考,声像挑战文字,影视取代小说,已经成为当代大众审美文化的一个主要趋向。"② 从传播媒介的表现特征来看,影视和图书二者形成了互补关系。影视媒体以多姿多彩的视觉符号呈现出生动形象的画面,富有情境感,受众易于理解;而图书具有印刷媒介独有的传播特质:完整丰富的细节呈现,人物心理的深度刻画,细腻情感、深刻思想的传递与交流。受众往往会被畅销书改编的影视剧所吸引,出于内容重温的心理,重读原著,希望多角度了解故事情节,或是以审视挑剔的眼光对比畅销书与影视作品,看改编后的影视作品风格、人物情节设置与原著是否一致。这些都为畅销书内容策划、宣传提供了良好的契机。

作为目前最常见的畅销书借势传播模式,借势影视媒体可追溯至20世纪90年代末人民文学出版社出版的《牵手》和山东文艺出版社出版的《大染坊》《武林宝典》。借力影视媒体,既包括畅销书与影视同步推出,也包括曾经掀起畅销高潮的著作在改编成电影或电视后,反过来令原著和该作者的其他著作重新走向畅销。前者如《陆犯焉识》《少年PI的奇幻漂流》《纸牌屋》《人民的名义》,后者有顾漫的《何以笙箫默》,辛夷坞的《致我们终将逝去的青春》,李可的《杜拉拉升职记》,六六的《蜗居》。其中《人民的名义》借势电视剧的热播

---

① [美]丹尼尔·贝尔:《资本主义文化矛盾》,赵一凡、蒲隆、任晓晋译,生活·读书·新知三联书店1989年版,第154页。
② 周向荣、单鹏:《影视图书:传统出版在泛媒体传播与大众阅读时代的突围》,《中国图书评论》2013年第1期。

实现十天销售百万册；《小时代》三部曲位列2013年"开卷畅销书排行榜"前三名；《杜拉拉升职记》系列分列2010年的第三名、第七名、第十名。一些默默无闻的作品也通过影视改编再次获得极高关注。台湾小说作家"九把刀"的二十多部作品在大陆发行的七八年间，没有一本销量过万，却因《那些年，我们一起追的女孩》电影的热映引爆同名图书热销，既增加了作者知名度，又带动了老书的销售。畅销书《平凡的世界》亦是在电视剧拉动下由多年来销量十分稳定的文学名著跃升至2015年畅销榜单第二名。当一个作品经影视媒体传播，得到市场认可后，出版社借此推出同类主题图书，往往也会引发畅销热潮。当前，随着图书产业化进程进一步推进，畅销书的影视借势在操作手法方面呈现出更多新意。

一是采用影视的表现元素呈现内容，增加畅销书的吸引力。包括装帧设计、随书附赠品。例如《那些年，我们一起追的女孩》为了配合电影上映，随书附赠电影剧照记事本，还将图书封面设计成一张可以展开的电影海报。《山楂树之恋》则竭力突出该书与电影的关系，在封面印有电影人物剧照、山楂树图像、导演对故事的评价以及带有"电影纪念版"字样的印章。2010年华夏出版社出版的中国首部财经"电影图书"《美元是张纸》更是别出心裁，内附根据该书内容拍摄的电影光盘，以"图书＋电影"的形式表达观点。

二是畅销书与影视剧齐头并进。借力影视媒体不是说所有与影视相关的图书都能畅销，只有那些实际票房或收视率很高的"现象级"影视作品，才能迅速提升图书销量，而图书能否契合影视剧的播出时间是借势的关键要素。畅销书必须重视时效性，要在受众目光依然聚焦在该畅销书或者影视剧时，抓紧时间为后续营销造势。《牵手》借同名电视剧在央视黄金时段热播之际，创造了5天内出书，3天内全国各大城市铺货的出版奇迹。《那些年，我们一起追的女孩》虽然在2011年11月底才签下版权，但硬是赶在2012年1月初电影热映时发售，出版进度与电影上映保持高度一致，仅两个月便销售50万册。反观漫画《春光灿烂猪八戒》，虽然同名电视剧曾经创下在全国30多个电视台获得27%收视率的纪录，却选择时隔一年在续集上映时出版图书，电视剧热播效应不在，图书销售也受到重创。

三是将影视传播纳入营销策划，实现IP资源深度开发。图书出版业与影视业之间的产业边界正在消弭，显示出越来越强的产业融合特征。出版机构在策划图书时，就已经考虑如何结合影视媒体特点进行相关产品的跨界营销。例如江苏出版社在出版小说《月色撩人》之际，同时投资拍摄同名电视剧。博集天卷出版的《杜拉拉升职记》作为畅销书跨界营销的经典之作，横跨电视、电影、广播、话剧多个领域，而且出版社深度介入影视宣传，利用各种发布会、见面会推介图书，在图书推广时也把电影、电视剧作为宣传点，畅销书与影视相互呼应，将跨界营销效力发挥到最大。

（三）借助网络游戏

畅销书与网络游戏跨界营销，可以凭借网络游戏强大的号召力，将庞大的用户群转化为受众群，不仅销量稳定还可以形成某种程度的按需生产。

早在2010年，浙江少儿出版社出版的畅销书《查理九世》就与腾讯游戏"洛克王国"进行了跨界营销。"洛克王国"是一款针对7—14岁少年儿童设计的绿色游戏社区，在受众定位、产品内涵方面都与《查理九世》有较多相似之处。腾讯儿童频道专门开辟了"查理九世专区"，《查理九世》随书附赠"洛克王国"魔法大礼包、点卡套餐，实现了两个品牌的资源共享。畅销书与网络游戏更深层次的跨界营销模式是出版社利用网络游戏的人物、场景、情节要素，生成畅销文本。例如畅销书《植物大战僵尸——武器秘密故事》依托"植物大战僵尸"这款国内排名第一的游戏，邀请国内著名儿童作家担纲创作，演绎了向日葵、豌豆射手、火爆辣椒、樱桃炸弹、玉米加农炮等拥有各种秘密武器的植物与僵尸斗智斗勇的童话故事，累计销售500万册。再例如《动物大战僵尸》系列图书，也是借鉴了网络游戏中的

"僵尸"角色,"从一开始的选题策划环节就预留了开发网络游戏的空间""丛林、草原、沙漠、天空都分别开辟为独立空间,充分考虑了角色行动性与交互性"。① 有 3 亿注册玩家的青少年网络游戏 DNF 系列图书则定位青少年幻想文学,面对不同年龄阶段的受众,推出小说、攻略、图鉴、画册等多个类别,共计 50 多个品种。

随着畅销书与网络游戏的跨界营销向纵深化发展,出版社在"游戏—畅销书"的模式上探索"畅销书—游戏—畅销书"的复合互动模式,即根据畅销文本开发网络游戏,实现跨界互动,拉动图书销量进一步提升,在此基础上推出新的同一系列图书。但是较之畅销书与影视的跨界营销,畅销书与网络游戏的跨界营销才刚刚起步。毕竟市面上既具备改编成书的基本要素又有良好受众基础的网络游戏并不多,而且网络游戏受众群体主要是青少年,能够与之进行跨界营销的畅销书必然是少数自我成长类、奇幻冒险类题材。畅销书与网络游戏的跨界营销还需要策划人员从宏观上把握网络游戏的产品特征,对网络游戏的情节与人物角色实施二次创意,熟悉受众心理和畅销书市场动态,操作难度较大。这些因素均制约了畅销书与网络游戏跨界营销模式的实施。

（四）借助餐饮渠道

畅销书借势餐饮,以快餐业与儿童畅销书的联合最为常见。这一模式集中在 2016 年爆发。先是 2016 年年初,浙江少年儿童出版社与肯德基联合推出了"猴王当道"套餐,内含三款美猴王玩具和上、中、下三册合集的漫画书《漫画西游》,一周卖出 810 万册。之后,蒲公英童书馆分别和必胜客、肯德基合作,在 2016 年 6 月推出了畅销书《地图》《神奇校车》的跨界套餐。2016 年 11 月,必胜客再次与英国 Carlton 出版社合作,推出"恐龙复活了"儿童套餐,随餐赠送带有增强现实技术的《科学跑出来》系列图书。值得一提的是,科普读物

---

① 陈晖:《网游图书:互联网时代的游戏阅读》,《中国图书评论》2013 年第 8 期。

《神奇校车》与肯德基的跨界营销突破了"买餐赠书"这一基础模式，不仅在肯德基"神奇校车"主题餐厅举行了新书首发仪式，特制了一辆"神奇校车"让孩子们搭乘体验，还增加了填图游戏和模型折纸活动。

总结以上案例，它们都有畅销书内容与合作方品牌诉求一致这一特点。探索地球与世界的科普畅销书《地图》（人文版）、《科学跑出来》系列暗合了必胜客的西式休闲餐饮文化。此外，绝大部分图书本身是品牌畅销书，例如《神奇校车》全球销量3亿册，中国销量2800万册；《科学跑出来》系列全球畅销千万册，而《地图》（人文版）进入中国两年来销量也接近50万册。口碑良好、地位对等，合作起来才相得益彰。

（五）借助意见领袖

霍夫兰信源可信性实证研究表明，同一信息，传播者身份不同，人们对信息的接受程度不同，信息的传播效果也有显著差异。一般来说，信源越有权威，知名度越大，信息可信度就越高。意见领袖属于高可信度信源，具有话语空间、人格魅力多方面优势，是生活方式、价值观的引领者，能够对周围团体、群体产生影响。畅销书传播中的意见领袖主要由名人来充当。《山楂树之恋》在推广时，便在封面的红色腰封上直接印刷了横跨多个领域的名家推介名单，如影视界名人柳云龙、张纪中、陆川，文学界名人王蒙、苏童、刘心武，阵容庞大，给受众以强烈的震撼。颇具影响力的畅销小说《狼图腾》出版商则开发了与狼有关的各种因素：

> 狼的许多难以置信的做法也值得借鉴，商战中这种对手是最恐惧，也是最具杀伤力的。——海尔CEO张瑞敏
>
> 献给《天堂》里伟大母亲最美的情感、最柔弱的衷肠、最动人的怨曲。——歌手腾格尔

微博是天然的口碑传播平台，借势意见领袖，必须善于利用微博的力量。《重温于丹重温古诗词》一书出版之前，于丹开设了微博，很快粉丝量就达到百万，在新浪"微访谈"中粉丝提出1000多个问题，极大地推动了该书的传播。以手绘作品表现武夷岩茶制作技艺的图书《岩茶手艺》采取了赠书的方式，给爱好茶艺的微博达人试读。有网络大V看后评论道："原来以为是父子两代人的种茶故事，结果是父亲说、儿子画，把武夷岩茶从采摘到焙火精制的所有细节一一展示……是至今看到最有价值的制茶手记！"中肯、专业的评价起到了"微书评"的作用。

二 话题造势

事件不仅是可以挖掘的，而且是可以制造的。新媒体时代下，话题传播呈现出裂变式的惊人能量，已成为最快捷、最有影响力的宣传方式之一。营销专家李光斗将话题造势的三原则总结为互惠性、公共性、创新性。[①] 策划、组织、制造与畅销书外延或内涵相关的具有互惠性、公共性、创新性的话题，往往可以在受众的口口相传过程中引爆畅销点。

（一）以互惠性打造图书概念

文化概念既强化图书特色给受众一个购买的理由，又引起媒体兴趣，顺利进入媒体的议程。风生水起的畅销书均得益于概念的精细打磨。《谁动了我的奶酪》挖掘了"奶酪"理论，阐述了在变化前应对变化，"变是唯一的不变"——这一生活真谛；"杜拉拉"系列小说封面赫然印着"她的故事比比尔·盖茨的故事更值得参考"，着力突出"职场圣经""生存手册"宣传点。题材较为敏感，作者名不见经传的小说《凶宅笔记》，营销人员抓住隐藏在作品背后的社会价值，将其定位为"悬疑推理小说"，地位堪比《盗墓笔记》《藏地密码》，得到

---

① 李光斗：《事件营销 引爆流行的行销艺术》，清华大学出版社2012年版，第136页。

多家平面媒体的争相报道。①

（二）设置公共话题让"口碑效应"最大化

"感人心者莫先乎情。"中国社会经济高速发展，物质越来越丰富，正在从营销学家菲利普·科特勒所说的量的消费（注重商品数量）、质的消费（寻求质量好的商品）走向情的消费，注重购买商品的情感体验。对于图书产品而言，设置与受众心理契合的情感话题引发共鸣，能促成对畅销书内容的认同，定位女性群体和年轻群体的畅销书尤为如此。《谁的青春不迷茫》作者刘同曾在图书出版的同时在微博上发文："你觉得孤独就对了，那是让你认识自己的机会。你觉得不被理解就对了，那是让你认清朋友的机会。你觉得黑暗就对了，那样你才能分辨得出什么是你的光芒。你觉得无助就对了，那样你才能明白谁是你的贵人。你觉得迷茫就对了，谁的青春不迷茫。"这条微博 24 小时内被转发 37012 次，成为当天新浪微博热播第一名。② 之后该书同样以情感贯穿整个传播过程。无论是新书首发式的主打歌《你让我相信》，还是表达"北漂一族"内心感触的视频，抑或是同名微博围绕"哭"设置各种互动主题，它们都可能触动受众心底最柔软的角落。

制造公共话题还包括以争议话题引发关注。《山楂树之恋》调动网络写手，通过各个网络论坛发布各类名人对该书正反两方面看法，形成网络论战；南派三叔参与湖南卫视"岳麓实战论"节目，与大学生讨论网络时代的文学复兴。更有甚者，为给《藏地密码》系列图书大结局造势，读客书业董事长及全体员工坐马桶出镜，录制了一条广告"十扇敲不开的厕所门，九个躲在里面看《藏地密码》"。广告一经播出迅速引发微博热议。有人认为该广告创意强，十分有趣，也有网友质疑其营销方式，称其为"厕所读物""'脏'地密码"。但是无论怎样，受众的讨论使其成为传播焦点事件，该书短时期曝光度大增。

---

① 冯玲玲：《新媒体环境下小说类图书的创意营销研究》，《出版与印刷》2014 年第 6 期。
② 北京开卷信息技术有限公司：《中国超级畅销书大解密 2013》，江西教育出版社 2014 年版，第 95 页。

(三) 创新活动策划

各类主题活动是图书畅销的另一重要因素。从策划的角度来看，主题活动也可成为孕育文化概念的摇篮。比如1997年春风文艺出版社百万重金为"金布老虎"系列小说举办的征稿活动。再比如世纪之交热闹一时的"行走"文学和以"行走"为主题的文化散文策划的各类"行走"活动。云南人民出版社共组织四次作家远距离考察活动，先是组织阿来、扎西达娃等七位著名作家走进西藏，推出"走进西藏丛书"，接着又重金邀请贾平凹、徐晓斌、李冯游牧新疆，推出"游牧新疆丛书"。鹭江出版社则精心策划区别于普通旅游景点的行走方式——"人文学者南极行"，由策划人阿正亲自带队，特邀学者周国平、葛剑雄等与科考队同行。由于这些活动是首创，极具新闻价值，无一例外都在各种媒体上传播开来。

随着信息社会受众参与意识的不断增强，他们已不满足被动地当一名信息接收者，而是习惯于自媒体平台的内容生产模式，受众积极介入畅销书活动、创造活动内容（UGC）的趋势正在增长。传播学"社会参与理论"认为，受众对于他们亲身积极参与形成的观点，要比他们被动地从别人那里得到的观点容易接受得多。新颖的畅销书活动也会引发受众的广泛讨论，相当于变相为公众设置了话题。《我们台湾这些年》采用了线上征集、线下拍摄的形式，征集大家在地铁、咖啡屋等各类公众场所看到他人阅读该书的照片，上传微博注明拍摄地点，前50名可得到作者亲笔签名图书。张小娴《谢谢你离开我》"创意码堆竞赛"与《我们台湾这些年》的活动有异曲同工之妙，也是线下竞赛，微博上传照片，不同之处在于参与者是全国各家书城的经销商。此类活动的创意核心可总结为：出版社策划活动，受众参与，共同推动活动影响力扩大。

三　信息流和影响流融合下的多媒体联动

畅销书现象是一种流行新事物的普及，此处借用美国学者罗杰斯的创新扩散理论阐述其传播过程。罗杰斯认为,新事物的大众传播分为两个方面,一是作为信息传递过程的"信息流";二是作为效果或影响产生的波及过程的"影响流"。前者可以是"一级"的,即信息可以由传媒直接"流"向一般受众;而后者则是多级的,要经过人际传播中许多环节的过滤。畅销书传播即是由媒介本身的"信息流"和社会反响的"影响流"逐渐融合,逐级扩散的过程。①

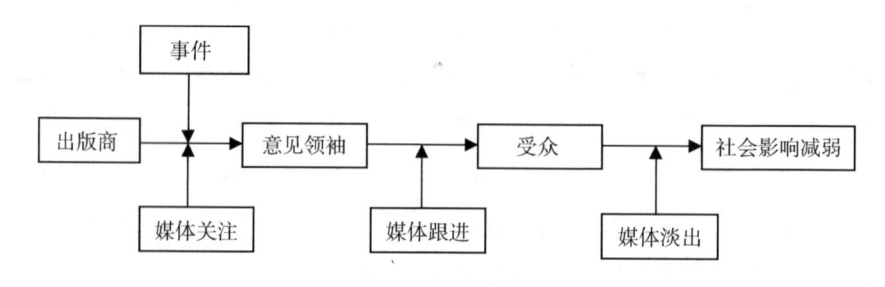

```
          ┌──事件──┐
          ↓        ↓
出版商──→意见领袖──→受众──→社会影响减弱
          ↑        ↑       ↑
       媒体关注  媒体跟进  媒体淡出
```

图25 畅销书多极化传播流程图

以畅销书《百家讲坛》系列为例。文化栏目《百家讲坛》先天就具备了被知识群体、精英阶层和媒体关注的因素。前文已经论述,文学畅销书宣传因素中,作家是一个重要因素。一个成名的作家其实代表了一个相对稳定、可以预见的市场。《百家讲坛》系列集结了掌握最新研究领域现状或在某一领域做出一定成就的学者,这类精英阶层由于其学术地位成为某一研究领域的专家,具有先天话语权,易形成主导传播力。加之电视的多媒体传播,使得易中天、于丹等学术意见领袖彰显了专家特殊的个人魅力,拥有大批的忠诚受众(普通意见领袖),形成口碑传播。作为话语优势群体的意见领袖接受畅销书信息,产生触动,他们所产生的强烈影响力,就会释放在公共领域。这种影响力以口碑传播的形式在某个群体、文化圈层传播,可能进入传媒视野,形成大众传播。凭借电视媒体赋予的知名度,《百家讲坛》系列

---

① [美] E. M. 罗杰斯:《创新的扩散》,唐兴通、郑长青、张延臣译,中国工信出版集团、电子工业出版社2016年版。

图书在上市初期便拥有上佳表现，之后进入平稳销售期。

《百家讲坛》系列畅销书传播过程中，传播者充分利用多媒体宣传，泛化影响。所谓多媒体，指的是空间宣传的立体性和时间宣传的持续性。在信息过剩，媒体泛滥，图书趋向同质化的环境里，单一媒体信息覆盖面有限，要达到预期的传播目标，仅靠一种媒体宣传是远远不够的。只有全方位、立体地把多种广告媒体组合在一起，利用不同媒体进行宣传，才能造成强大的影响。《百家讲坛》蕴含了丰富的话题资源。自著名作家刘心武发布自己研究的红楼梦观点"揭开秦可卿身世之谜"后，"红学""秦学"的学术争论就争论不休；易中天的讲座又引起了历史该怎样解读的讨论。充满争议性的话题引起了传媒关注，与《百家讲坛》有关的种种新闻时见报端。一时间，多种媒体大范围发布与《百家讲坛》有关的信息，包括访谈、专题报道、新闻消息、广告以及各种跨界传播，形成平面媒体、影视媒体联动，线上媒体、线下媒体联动。以单本图书《品三国》的宣传为例：预热阶段，《品三国》的版权拍卖出了140万元的天价版权产生强大的新闻效应，将《品三国》的宣传轰然引爆；成长期，各大媒体纷纷连载或转载新书部分内容，举行新闻发布会；强势期，作者易中天不断在全国各地举行新书签售、讲座活动，有关《品三国》的受众反馈、深度书评频频见报上网；后续阶段《品三国》销量扶摇之上，在各类图书排行榜单上继续吸引"晚期大多数"购买。

传播效果研究表明，大众传播具有共鸣性、积累性、遍在性，媒介就一个问题进行集中报道，形成广泛宣传态势，可以增强传播威力。《百家讲坛》系列畅销书以大众传播聚集受众注意力，相关信息经由意见领袖扩散至更广泛人群，高、中、低不同层次受众介入引发争议，继而再次被大众媒体关注，形成多个舆论场。各个舆论场又在各种话题的刺激下，向四周扩展。畅销书信息以多级传播、多向传播、多媒体传播的立体交叉传播模式，通过大众传媒迅速增殖，图书信息呈几何倍数被放大。

第五章 畅销书传播的文化反思

大众文化更多诉诸人的感官而不是人的理性思想，最大限度地满足人们的感官享受。丹尼尔·贝尔曾借麦克唐纳的话说："大众文化的花招很简单——就是尽一切办法让大伙高兴。"这种导向致使职业传播者基于市场利益的考虑，表现出对大众"享乐动机"的极强认同，对社会文化生态造成一系列影响。

第一节 畅销书传播对图书文化性的侵蚀

恩格斯曾指出，艺术是与经济基础关系最为"间接"的社会生产，但是畅销书大大颠覆了对图书价值的衡量标准。

一 畅销书的商品性削弱了文化性

与传统的文化形式相比，大众文化具有一种赤裸裸的商品性，它也不打算掩盖自己和资本的关系——生产大批量文化产品用于消费，它不但想多赚钱，还要像其他商品生产一样，以实现利润最大化为根本目标。畅销书传播的每个环节无不是以市场为导向，以商业为手段，以利润为目的：雇用"枪手"制造续集，策划网络擂台赛，重金签约，投放广告，对作者进行全方位包装，都增加了畅销书的商品含金量。成功打造多本畅销书的读客出版公司总裁更是将其比作牙膏，可以大规模销售的快速消费品,并将运作理念直截了当地概括为"像卖牙膏那样卖书"①。这样一来,文化与经济之间的界限变得含混不清,人们很难辨别畅销书传播中哪些是纯粹的文化行为,哪些是纯粹的经济活动。"畅销书既是主流的,又是边缘的,所谓主流是指它所代表的思想、趣味和社会心理是被大多数受众认同的,所谓边缘是指它的诞生不能自主,书籍以外的因素占据越来越显著的位置,参与整个传播过程的元素越来越多,畅销书本身日趋单薄、边缘化。"②

"随着市场规律在文化商品领域广泛蔓延,文化的内在固有规律遭到了彻底破坏,迎合的是教育水平很低的消费群体的娱乐和休闲需要,追求的再也不是知识或社会责任,而是剩余价值。"③ 就内容价值来看,畅销书多着眼于受众一时满足,比如《哈利·波特》贩卖的是诡谲怪异、好奇神秘以及借助电影产生的媒介互动效应,《细节决定成败》《没有任何借口》《谁动了我的奶酪》等励志类图书传达的是快速成功致富的技巧,林林总总的家教类图书卖的是中国父母望子成龙、望女成凤的迫切心情。即便是《狼图腾》等近年来少有的优秀文学作品,如果没有众多名人的赞语引发受众的从名心理,仅凭品质也难以在浩瀚书海中脱颖而出。就表现形式而言,畅销书采用极度口语化的写作形式,插图绘本图书日益增多,以文字为主的图书,也极大地淡化了文本的阅读深度。名著可以搞笑、历史可以消遣,畅销书削平深度,拒绝深沉,厚重的历史感和思想性让位于流行的感官刺激和消遣娱乐,"它不做引导或不提供任何解释,不担当传递思想、启发民智的大任。它不需要对现实境遇的揭示来唤起人们对自己真实处境的感悟,也不需要通过某种乌托邦理想的期望来引发人们对实践的热情。"④ 文化传承和精神书写被畅销书简化为单调的娱乐和实用功能,

---

① 尤颖:《图书市场中的"牙膏理念"解读读客出版公司的快速消费品营销方式》,《市场观察》2014年第7期。
② 陈来仪:《解链畅销书,透析大众文化》,《出版科学》2006年第9期。
③ [德]哈贝马斯:《公共领域的结构转型》,曹卫东等译,学林出版社1999年版,第192页。
④ 叶志良:《大众文化》,上海文艺出版社2003年版,第39页。

内容产品的文化属性正在不断稀释乃至消解。套用约翰·菲斯克对大众文化产品的评价来解释当代畅销书现象："大众文本是被使用、被消费、被弃置的，因为其功能在于，它们是使意义和快感在社会中加以流通的中介：作为对象本身，他们是贫乏的。"①

二 文化的平均主义与文化基准的下滑

正常的阅读市场，由于受众分属不同阶层，受众性别、年龄、性格也各有不同，大众阅读口味应该是多元的，阅读也应是完全凭自身兴趣、口味和需要进行的极为个性化的活动。畅销书时代，大众媒体的广泛介入引发了阅读市场的"马太效应"，越来越多的受众都凭借图书排行榜和媒体宣传购书，越是畅销的书籍经由媒体的反复提及和周边群体的口头传播，滚雪球效应就越大，越是畅销；反之越是滞销的作品其影响力就越发减少，以至销声匿迹。媒体的选择性引导主导了某个时期的畅销书概念和大众阅读的方向，极少的畅销书占据了市场的绝对地位，绝大多数图书只能被淹没在畅销书的阴影里。此种趋势下大众阅读终将越来越集中于少数畅销作品，日益呈现出趋同性、一致性。当大众文化与畅销书机制相结合，文化生产与经济利润相结合的时候，市场机制操纵下的畅销书很可能因为经济利益诱惑形成一种新的霸权文化。

在这种新的霸权文化体制下，平均化的文化趣味变成主流的甚至是唯一的文化趣味，精英文化、主流文化在内的其他文化都必须与其进行对接，完成通俗性、娱乐化转换，才有可能进入大众视野。目前中国畅销市场不少出版社正在使用模式化流水线的机制开发畅销小说选题。比如上海人民出版社的《我为歌狂》《蛋白质女孩》《永远的OPEN》《爱上爱情》《红苹果乐园》《我为画狂》等青春时尚读物系

---

① [美]约翰·费斯克：《理解大众文化》，王晓珏、宋伟杰译，中央编译出版社2001年版。

列，美国人约翰·斯宾塞的《一分钟经理》之后，又有《一分钟爸爸》《一分钟妈妈》《一分钟推销员》《让一分钟经理发挥作用》《一分钟经理正合身份》等"一分钟"系列丛书。这些丛书表面内容的多元化不能掩盖其内涵的一致性。这种以大众名义实施的一元化文化专制，不仅否决了许多社会成员的文化诉求，而且破坏了多元文化格局，文化失去了发展的丰富性和多样性，大众也失去了获得多样丰富文化的可能性。

评论家安东尼·伯杰斯在《当今的小说》中指出："最好的书和畅销书两相巧合的事是极少见的。"① 综观中国整体畅销书市场，畅销书的文化品质不断下滑，多数书籍在出版后一两年内达到销售高峰，而后就销声匿迹了。据出版家王子野估计，在20世纪90年代前期，中国年出书品种8万—9万册，真正品位高、质量好，能保留下来的不过2000—3000种，畅销书机制兴起后高品质的更少。回头再来看那些曾经的畅销书：20世纪80年代是《傅雷家书》《走向未来丛书》《外国文艺丛书》《新知文库》；20世纪90年代是高阳、二月河、南怀瑾，余秋雨撰写的文化图书；进入21世纪，真正畅销的品种变成了《哈利·波特》《谁动了我的奶酪》，然后就是青春文学。即便是文化类畅销书《百家讲坛》系列，也不过是精心烹制的一道心灵鸡汤。传播学"培养分析"理论认为，传播内容具有特定的意识形态倾向。这些倾向通常不是以说教而是以报道事实、提供娱乐的形式传达给受众的，从而潜移默化地培养受众的社会观念。文化资本与经济资本联合下的畅销书，培养的不仅是受众的共同意识，也潜移默化地培养着受众的文化接受水平。当畅销书成为受众获得信息和寻求娱乐的主要媒介之时，当销量成为畅销书的唯一标准之时，我们有理由对整个社会文化水平的下滑表示担心。

---

① [美]约翰·苏特兰：《畅销书》，何文安编译，上海文化出版社1988年版，第4页。

第二节　畅销书传播对出版业的负面影响

一　宣传失当，炒作横行

北京大学出版社总编辑温如敏认为："衡量图书宣传是否达到了目的，一个标准就是看它是否让不该买某本书的人，买了这本书，如果是，那就不是成功的策划，而是'炒作'。"[①] 当前出版社总是带着一套概念化的理念来控制阅读的消费市场，畅销书传播便沦为传媒与出版商共谋的炒作。就如何从最佳角度去制作和宣传畅销书，有学者归纳出如下几条规律：（1）故事顺应某种社会、政治或经济趋势；（2）反潮流；（3）引发人们的兴趣；（4）强调影响力；（5）适时；（6）名人效应；（7）之最；（8）形象动人，有令人身临其境的镜头或描述；（9）立足大背景；（10）富有创意；（11）准备冲刺（要赶在最快的时间为了保持新鲜）。[②] 这种为了挖掘新闻价值的宣传手法在某种意义上已经不是出版，而是一种"做"书。一些出版商为了产生新闻卖点，达到畅销的目的，更是放弃出版的社会责任。概览书市，以暴富秘诀、明星隐私、非正常男女关系等为卖点的图书随处可见，有些图书为满足一些受众浅层的感官需求，在题材和书名上极力媚俗，如《赤裸的爱》《有了快感你就喊》《不想上床》《我这里一丝不挂》等，大有以"名"惊人之势。一些内容严肃的图书也被冠以《拯救乳房》《大浴女》之类情色化的书名，夸大其词，片面迎合受众的低级趣味和消费需要，受众注意力在出版社的引导下投向与图书内在品质毫无关联的其他因素。

---

① 安静：《大众文化消费背景下我国图书传播的变化和发展》，硕士学位论文，吉林大学，2005年，第23页。
② 甘成英、毛晓红：《为什么畅销书打动了青年大学生》，《中国出版》2003年第12期。

二 追逐热点，盲目跟风

畅销书具有消费性商品的一切特征，尤其是它无法逃脱时尚商品的宿命，即和许许多多曾经被贴上时尚标签的大众文化商品一样，流行之后就意味着模式化和被仿制。例如，在畅销书出版市场，"狼"是一个突然时髦起来的热词。关于狼的书一本接一本：《狼图腾》《狼祸》《狼》……跟风《狼图腾》的图书高达100多种，似乎狼有永远无法诠释完的故事。《狼图腾》和《藏獒》热销之后，《银狐》《龙图腾》等打着动物旗号的图书又被相继推出。当《谁动了我的奶酪》走红时，《我能动谁的奶酪》《谁也动不了我的奶酪》《我动了谁的奶酪》等以"奶酪"为关键词的图书随风而起。书名与"心灵鸡汤""厚黑学"相关的图书每年也高达数十种。商业利益驱动畅销书无限的追逐社会热点，跟风模仿加速了大众出版的流行化倾向。

从跟风书籍内容的明显抄袭、粗制滥造，到本身过度娱乐导致内容的蜕变，这已从不良现象上升为出版道德问题。"虽然国家新闻出版总署在最近接二连三的颁布文件呼吁约束，但是直到目前问题依然严重，抄袭剽窃，恶意炒作，夸张误导，恶意竞争，弄虚作假，粗制滥造，低级克隆，盲目跟风，盗版猖獗，买卖书号等道德问题成为危害我国出版业的巨大隐患。"[①] 图书是一种精神产品，具有经济效益与社会效益的二重性。出版的首要任务是对优秀文化的传承和传播，出版社受经济利益驱使，跟风畅销潮流或是利用大众媒介过度炒作吸引受众，这样的行为可以在短期内促进畅销书销售，却不能有助于整个出版业和图书媒介生存状态的改变。出版业弥漫着一种急功近利的不良习气，出版道德面临着考验。

结　语

从媒介角度审视，图书也是一种传播媒介，畅销书传播体现的是

[①] 张昕：《阅读的异化》，《出版广角》2005年第5期。

多媒体时代图书与其他媒介之间由竞争向竞合的转变。其实质正是一种媒介融合，是图书这一古老的示现媒介在多元媒介竞争格局中的自我救赎。根据罗杰·菲德勒的媒介进化观点，传播媒介都在一个不断扩大的、复杂的自适应系统内共同演进。当较新形式出现时，旧形式为了在不断变化的环境中生存，就会适应且继续进化。畅销书也是如此，它们要与其他媒介争夺受众，把平时没有固定阅读倾向的受众拉到书桌前。它们别无选择。

但是，这并不能说，超级畅销书就为图书媒介争取到了生存空间，小林一博在《出版大崩溃》中指出："一本本超级畅销书就像盛开在出版崩溃道路上的虚幻之花。"[①] 大规模的传媒宣传，使畅销书传播呈现广泛扩散的态势，也使得参与其中的元素越来越多，看似主流的畅销书其形式的轰动常常盖过了内容本身，而文字阅读作为一种艺术体验的成分越来越被疏离。这一现象是多媒体时代中畅销书传播不可避免的趋势，应该引起我们的足够警惕。

从某种意义上来讲，图书传播遵循着自身的内在法则，市场的过分介入可能会破坏内在规则。没有创造性，仅靠跟风、宣传，过度商品化降低了文化的标准，这样的畅销书类似文化快餐，不仅影响到出版产业的发展，对文化生态本身也是一种破坏。大众文化语境下的畅销书传播需要有先进的销售理念，更需要科学、健康的运作机制，是畅销书无论作为概念或实践的应有之义。

---

① ［日］小林一博：《出版大崩溃》，甄西译，上海三联书店2004年版，第33页。

附录　陕西广告产业大事记

1982年2月21日,第一届全国广告装潢设计展在北京举办,并在沈阳、武汉、广州、上海、重庆、西安六城市巡回演出,历时近一年。

1985年3月29日,陕西省广告协会成立。

1993年9月,伴随邓小平南方谈话后中国经济的飞速发展以及高等教育体制改革,全国开设广告学专业的院校数量激增,西北大学成为陕西省第一家开设广告专业的高校。

1993年9月18日,新闻广告实业总公司在西安成立。新闻广告实业总公司隶属于陕西日报社,具有独立法人资格,陕西日报社在人力、物力、财力等方面给予全力的支持。

1993年10月,陕西本土户外广告龙头企业沙龙公司与西安邮政广告公司签订了邮政局楼顶60米广告位租赁合同,开发了第一块户外广告媒体,由此走上了户外广告的经营之路。

1995年7月,国家工商行政管理总局广告司组织北京、天津、上海、广州、重庆、哈尔滨、大连、杭州、深圳、西安、厦门等城市的工商部门进行对口户外广告法制大检查。

1995年10月13日,陕西省广告协会、中国广告杂志社、西安邦达广告公司联合举办的"中华民族文化与广告国际研讨会"在西安召开。

1996年10月18日,全国广告学术研讨会在西安举行。

1996年9月,西安联合大学开始招收广告管理专业的专科生。

1997年12月,《西安晚报》广告收入达到历史最高额1.2亿元,名列全国晚报前五位。

2000年5月26日,陕西省第九届人民代表大会常务委员会第十五次会议批准通过陕西省首个《户外广告设置管理条例》。

2000年10月24日,国家工商行政管理总局广告司先后在哈尔滨、西安和武汉召开广告监管工作情报通报会。

2000年9月,西安工程大学广告专业正式招生,从此陕西省进入了高校开办广告专业的高峰期,先后有西安石油大学(2001年)、宝鸡文理学院(2001年)、西安工业大学(2002年)、长安大学(2003年)和咸阳师范学院(2003年)等院校开办广告学本科专业。

2001年,陕西广电系统对上市公司"ST黄河科"进行了大规模资产重组,置出了家电制造类资产,置入了广电传媒类资产,公司经营范围变更为广播电视信息网络的建设、开发、经营管理、咨询,广播电视节目收转、传送、策划、制作、发行,以及设计、制作、发布、代理国内外各类广告,成为陕西省第一个文化传播类行业的上市公司。

2001年,《华商报》广告营业额为22000万元,全国报纸广告经营额排名第35位。

2002年,陕西省政府首次引入户外广告拍卖程序,对西安市钟楼地下环形通道1000平方米广告灯箱10年经营权进行公开拍卖。西安本土户外广告公司沙龙公司力挫群雄,以1120万元一举中标。

2002年4月30日,西安元中广告有限公司、甘肃众益广告有限公司、新疆一禾国际广告有限公司在兰州举行会议,联合成立西北广告优势同盟,以实现资源共享。这是西北广告界对中国加入WTO及国家西部大开发"东进西出"政策做出的积极反应。

2002年12月10日,应西安市市委要求,钟楼盘道周边钟楼邮局、方汇大厦、富豪大厦上方共计15块广告牌被拆除,钟楼盘道周边楼顶不再设立广告牌。

2003年4月16日，西安人民广播电台主办的第七十二届全国城市电台经济信息交流会在西安召开。全国60家电台的代表就广播广告的经营和管理进行了经验交流。

2003年底，分众传媒西安分公司成立，建成覆盖西安100座高级写字楼、星级酒店、娱乐健身会所的楼宇广告联播网络。

2004年4月25日，为推动邮送广告发展，陕西省邮政速递广告局在富平县邮政局召开全省"函件速递重点业务现场推进会"，提出下一步将不断加大自办类、专投型邮送广告的发展力度，有重点、有层次地开发邮送广告客户，努力把DM邮送广告办成当地广告的主流媒体。

2005年10月27日，由中国广告协会电视委员会、全国省级电视台广告协会联合主办，陕西电视台承办的"全国电视广告峰会"在古城西安隆重召开。本次峰会以"成功，电视的力量"为主题，由"全国电视媒体广告经营发展论坛"和"全国省级电视媒体联合推介会"共同组成。

2005年10月28日，主题为"激活（历史）、激发（创意）、激情（西安）"的第十二届中国广告节在西安拉开帷幕，共有参赛作品3800件，参展单位200多个，国际标准展位600个，创历届新高。西安也成为西北地区第一个举办中国广告节的城市。

2005年10月29日，由陕西省广告协会，西安市广告协会、华商报社共同主办的"华商报杯·2005西安华商广告奖颁奖盛典"隆重举行。在六大类千余幅广告作品中产生出30个金、银、铜、优秀奖和1个全场大奖。

2006年3月9日，西安传媒与广告研究所在市社科院揭牌成立。该所重点研究新形势下传媒广告产业发展、创新趋势及应用，西安传媒广告产业的发展战略，党和政府对广告产业实施有效管理的模式，为政府、媒体提供智力支持。

2006年6月，西安腾讯·大秦网开始运营。大秦网以其众多QQ

注册用户资源、QQ客户端迷你首页及弹出TIPS新闻（温馨消息推送）日益成为陕西最大、传播速度最快、用户阅读时间最长、中高端用户最容易接触到的网络媒体。

2006年9月20日，陕西电信正式推出电话定向广告产业务。用户只要拨叫特服号码8006296789和4008996789，便可接听到系统播放的企业或产品广告信息，在收听完广告的同时，用户可以获得免费拨打一定时长的市话和长话优惠。

2006年10月，第五届中国广告教育年会在西北大学召开，为陕西省广告专业师生提供了一次和全国广告教育学者直接接触的机会。

2006年10月，西安召开第七十五届全国秋季糖酒商品交易会，共有4000多家糖酒类企业，15万客商参加，投入广告费用近亿元。其中西凤、太白等陕西酒类企业宣传费近2000多万元，创历年来之最，极大地推动了西安户外广告的进步。

2006年10月，西安市政府为推广西安城市新形象拍摄了中国第一部关于城市品牌推广的手机电影《西安故事》，并入围多个国际电影节。

2007年7月19日，陕西诞生了首家中外合资广告公司。全球第二大、英国最大的广告与传播集团WPP旗下的4A广告公司——达彼思与成都阿佩克思广告公司正式"联姻"，西安阿佩克思达彼思整合营销传播有限公司成立。这也是当时西部唯一的4A广告公司。

2007年12月18日，陕西广告产业发展史上的首个《陕西广告发展白皮书》发布。《白皮书》由陕西省工商行政管理局组织专业人士编撰，分为"陕西省广告产业发展概况""陕西省广告经营单位综述""2006年陕西省行业分类广告投放情况分析""陕西省广告产业发展的地域分布""陕西省广告产业存在的问题及发展前景"五个部分。

2008年1月17日，西安世联投资咨询有限公司注册成立，全面展开西安房地产市场的策划代理及顾问业务，完成了"北京—西北"的战略布局。

2008年7月28日，中央电视台综合频道、新闻频道《朝闻天下》、国际频道《走遍中国》以及英文频道（CCTV-9）首次播出了陕西旅游业形象广告片。这是陕西省政府为了进一步打造陕西旅游形象，提升旅游知名度，恢复灾后市场，投资3000万元的力作。该片以"文明的延续，盛世的起点"为主题，全面展示陕西富含底蕴、别具一格的旅游风光。

2009年10月，陕西人民广播电台广告中心获得在广西南宁召开的第十六届中国国际广告节"长城奖""黄河奖"双金奖，代表西部媒体首次问鼎中国国际广告节金奖，取得了总成绩两金、两银、一铜、12件作品入围的骄人成绩。

2010年3月21日上午，陕西报业联盟在安康举行成立大会。联盟广告有限公司同时揭牌，致力于陕西省十市党报广告整合，通过多边或双边广告合作机制，进一步拓展广告代理业务，进行报纸版面互换、客户资源的整体开发等经营活动。

2010年5月21日，上海凯络媒体与传立、浩腾和实力传播竞标胜出，赢得了强生集团下属西安杨森制药的价值近3000万美元的媒体策划业务。

2010年7月15日，陕视传媒运营公司与陕西省交通广告传媒有限公司隆重举行"西安咸阳国际机场专用高速公路广告经营合作项目"签约仪式，标志着陕视传媒运营公司从代理电视媒体、广播媒体、网络媒体进入户外广告市场。

2010年9月，陕西省人民政府办公厅制定《关于促进广告产业发展的意见》，提出在西安设立广告创新制作基地，培育和发展具有特色的优质广告创意产业集群，以优秀企业品牌战略为基础，以广告企业为主体，以优势媒体为先导，形成布局合理、结构优化的广告产业发展体系。

2010年10月，陕西沙龙传媒有限公司在曲江国家级文化产业示范区注册成立，新公司在获得原西安沙龙广告装饰有限公司经营性资产的基础上,将核心业务拓展到创意策划、品牌管理、媒体工程领域,形成了完整的产业链布局。

2010年10月14日,"中国创新营销论坛暨广告投放趋势论坛"在西安举行。论坛由西安电视台、世通华纳移动电视传媒集团、采纳品牌营销顾问有限公司和CTR市场研究公司共同举办,以营销创新及剖析、解读2011年广告投放趋势为目标,探讨新经济形势下的营销策略。

2010年10月17日,第五届中国西部文化产业博览会召开。沙龙广告公司与曲江管委会签订了《中国西部户外传媒产业园项目战略合作协议》,在曲江新区投资建设开发高科技LED显示屏及现代化创意传媒产业园区。

2010年12月22日,西安曲江国家级文化产业示范区和陕西华商传媒集团、陕西广电网络传媒股份有限公司、陕西广播产业集团联合投资的陕西华商文化产业园、陕西广电网络产业园、陕西广播产业园落户西安曲江新区签约仪式隆重举行,项目总投资额近100亿元。

2011年1月,西安市文化创意产业孵化基地正式落户曲江文化创意产业聚集区。该区是曲江新区最大、最成熟的文化企业聚集区,截至2011年入区文化企业累计近800家,涵盖会展、影视、演艺、动漫、出版、传媒、网游、创意设计和广告等20多个门类。

2011年1月11日,《西安日报》《西安晚报》北京经营中心成立暨记者站筹建处揭牌。鼎信传播机构旗下北京鼎信天成文化传媒有限公司成为2011年度《西安日报》《西安晚报》外埠广告独家代理公司。

2011年3月2日,东莞民营广告公司大象广告力压世界第二大户外广告商法国德高集团、西安本地的西部机场广告公司以及海南白马广告投资有限公司、广东省广告股份有限公司两家上市公司,以7.56亿元独家中标西安地铁2号线广告整体承包10年经营权。

2011年6月19日,陕西广播电视台广播广告中心首次参与被称为"广告界的奥林匹克奖"的中国"艾菲奖"评选,斩获媒体实效奖——媒体形象类佳作奖。

2011年8月31日，传漾TG媒体联合协作营销平台全国巡展（西安站）在西安举行。TG是互联网广告市场上唯一一款针对二线代理商的全新营销平台，集智能化专业媒体采购、自动化生成排期、实时性数据报表等功能于一体，可形成精准的网络广告解决方案。

2011年12月12日，伴随着西安地铁2号线的开通，西安报业集团公司独家运营的西安地铁报——《西安地铁早8点》正式创刊。

2012年2月，由房讯网发起主办的"'金创奖'优秀地产广告评选"活动正式开启。此次活动是西安地区的首次房产广告评选活动。

2012年4月19日，全国工商行政管理系统广告工作会议暨国家广告产业园区建设现场会在南京召开。国家工商总局为首批9个"国家广告产业园区"授牌，陕西广告产业园区名列其中。

2012年5月15日，国家工商总局研究中心副主任周黎明率国家工商总局"实施国家广告战略"课题调研组来陕西广告产业园调研考察。

2013年4月18日，广东东莞的大象广告有限公司在2011年拿下地铁2号线广告经营权之后，再次以1.51亿元的天价买断钟楼地下通道161块广告牌的6年广告经营权，创下了陕西省户外广告拍卖的历史最高纪录。

2014年3月3—5日，由陕西省广告协会、陕西日报传媒集团主办的首届"丝绸之路经济带·西安国际广告产业博览会"在西安曲江国际会展中心盛大举办，共118家企业参展。在展会期间，还举办了"崭新技术打造璀璨古城"和"科技创新引领时代潮流"两场广告行业论坛会议。

2014年5月23日，由国家工商行政管理总局与陕西省人民政府联合主办的"丝绸之路经济带广告产业合作发展交流大会"在西安召开，旨在加强丝绸之路经济带沿线国家和地区的紧密联系，发挥陕西省的辐射带动作用。大会倡议成立沿线国家和地区广告产业合作发展联盟，通过并发表了促进广告产业合作发展的《西安宣言》。吉尔吉斯斯坦共和国国家电视台与陕西广告产业园区签署广告项目合作协议。

2014年9月，由陕西卫视新媒体、陕西交通广播FM91.6新媒体、陕西汽车广播FM89.6新媒体发起的西北新媒体联盟在西安成立。加盟自媒体60余家，覆盖陕西地区主流消费者300多万人，涵盖汽车、旅游、美食、本地生活等各大行业类别。

2015年4月18日，由陕西传媒网发起的陕西新媒体广告联盟在杨凌成立，共有46家广告传媒公司现场达成战略合作协议，近百家广告公司加入。成员单位将共享陕西传媒网提供的手机App、出租车LED滚动屏幕、视频广告宣传片、嘉宾访谈节目、新闻专题宣传等平台和资源。

2015年4月16日，西安三人行传媒网络科技股份有限公司（证券简称：三人行，证券代码：832288）在全国中小企业股份转让交易系统成功举行挂牌敲钟仪式，成为第一家在"新三板"挂牌的校园传媒公司，也是陕西省第一家上市的广告公司。

2015年6月19日，陕西省广告协会成立30周年暨陕西省广告产业发展30年座谈会在西安召开。

2015年10月14日，陕西省广告协会举办互联网广告发展研讨暨《互联网广告管理暂行办法》培训班。陕西省各地市工商行政管理局广告（市场）监管部门，陕西以及上海、江苏、云南、甘肃等地广告（媒体）经营单位负责人、广告业务人员共160人参加。

2015年10月23—26日，以"丝路·新语"为主题的第二十二届中国国际广告节在西安举行。此次广告节充分展示新技术、新材料、新创意，并特设陕西馆展示陕西本土广告媒体、广告企业、著名商标、本土文化活动以及丝路元素。

2015年11月，陕西卫视斩获中国广告"长城奖"广告主金奖和电视媒体合作案例金奖两项殊荣。

2015年10月23日，陕西国家广告产业园与哈萨克斯坦国家Otyrar TV

电视台共同签署了《影视节目制作合作协议》,双方将依托陕西国家广告产业园重点平台项目西北影视广告视觉特效中心,设立哈萨克斯坦影视节目在中方的前后期制作中心,为 Otyrar TV 电视台提供影视节目策划、前后期制作加工等服务。

2016年3月30—31日,华文国际广告创意峰会在西安举行。本届峰会以"新业界、新思路、解困局、谋发展"为主题,旨在提高陕西广告实力,推动陕西广告行业发展,吸引了来自全国各地的广告人近2000人参会。

2016年4月22日,陕西房地产自媒体联盟在西安宣告成立。陕西房地产自媒体联盟跳出以往基于传统媒体平台的旧有模式和思维方式,首批吸纳房产自媒体会员35家。

2016年5月14日,"一带一路"商标品牌建设交流合作论坛及相关活动在西安曲江国际会议中心举行。中华商标协会围绕"品牌+旅游""品牌+农业""品牌+广告"三个专题分别与陕西省旅游协会、陕西省农业产业化龙头企业协会、陕西省广告协会签订战略合作协议。

2016年7月19日,陕西西部广告传媒有限公司控股公司陕西金色西部广告传媒股份有限公司在"新三板"挂牌,证券简称金色传媒,证券代码837033。

2016年7月21—22日,"2016(烟台)中国户外广告论坛"在山东烟台召开。陕西沙龙传媒有限公司董事长李大卫、陕西冠杰文化传播有限责任公司董事长岳恺平分别以"新文化业态、新市场生态、新生活形态""互联网+易货,打造易货生态消费圈"为主题进行专题报告。

2016年8月,陕西省交通广告传媒有限公司、西安市振兴公交广告有限责任公司、西部机场集团广告传媒(西安)有限公司荣获中国一级广告企业(媒体服务类)。

2017年1月18日,陕西省广告协会与新浪陕西分站共同举行"陕西省广告协会新媒体广告专业委员会"揭牌仪式,致力于推动新媒体发展，助力传统媒体向新媒体转型，为陕西企业提供最前沿、最专业的新媒体服务。

2017年6月，丝博会"丝绸之路广告产业创新发展高峰论坛"在西安举行。本次论坛主题为"广告＋科技＋互联网"。

2017年10月21日，以"百舸争流·融汇天下"为主题的第二十四届中国国际广告节在长沙开幕。陕西选送的作品荣获2017中国广告"长城奖"等级奖7部、优秀奖4部，2017中国公益广告"黄河奖"等级奖2部、优秀奖13部。

2017年11月29日至12月1日，中国西部广告协会战略联盟成立。本次战略联盟由广西、重庆、四川、贵州、云南、陕西六省（市、区）广告协会发起成立，旨在充分发挥广告协会的桥梁纽带作用，加快推进中国西部广告产业科学健康发展。

2018年4月18日，中国（陕西）自由贸易试验区西安国际港务区"一带一路"电子商务哈萨克斯坦培训班开班暨淘宝大学丝绸之路（西安）培训基地揭牌仪式举行。

2018年4月，陕西省开展品牌推广计划暨"一县一品"公益广告宣传活动。活动选择汉中、安康、商洛11个深度贫困县（区）的地理标志商标产品或者有开发价值、具有一定优势的品牌，进行帮扶、培养和展示，有效打造和传播当地特色资源，提升其知名度、美誉度，带动地方相关产业发展。

2018年6月，由陕西省省委宣传部、省委网信办、陕西省新闻工作者协会作为指导单位，以"积极传播正能量信息，服务青年和为青年发声，关注媒体对当代青年意识形态的正面影响"为宗旨的陕西省青年新媒体协会成立。

参考文献

一 著作类

[法] 罗贝尔·埃斯卡尔皮:《文学社会学》,符锦勇译,上海译文出版社 1988 年版。

[美] 丹尼尔·贝尔:《资本主义文化矛盾》,赵一凡、蒲隆、任晓晋译,生活·读书·新知三联书店 1989 年版。

[法] 雷吉斯·德布雷:《普通媒介学教程》,陈卫星、王杨译,清华大学出版社 2014 年版。

[法] 米歇尔·福柯:《知识考古学》,谢强等译,生活·读书·新知三联书店 1998 年版。

[德] 尤尔根·哈贝马斯:《交往与社会进化》,张博树译,重庆出版社 1989 年版。

[俄] 瓦列里·季什科夫:《苏联及其解体后的民族主义及冲突——炽热的头脑》,姜德顺译,中央民族大学出版社 2009 年版。

[美] 道格拉斯·凯尔纳:《媒介文化——介于现代与后现代之间的文化研究、认同性与政治》,丁宁译,商务印书馆 2004 年版。

[美] 刘易斯·科塞:《理念人》,郭方等译,中央编译出版社 2001 年版。

[美] E. M. 罗杰斯:《创新的扩散》,唐兴通、郑长青、张延臣译,中

国工信出版集团、电子工业出版社 2016 年版。

［美］查尔斯·林德布洛姆：《政治与市场：世界的政治经济制度》，王逸舟译，上海三联书店 1992 年版。

［法］德赖弗斯·P. 拉比诺：《超越结构主义与解释学》，张建超等译，光明日报出版社 1992 年版。

［美］戴维·莫利、凯文·罗宾斯：《认同的空间——全球媒介、电子世界景观与文化边界》，司艳译，南京大学出版社 2001 年版。

［英］史密斯：《民族主义：理论、意识形态、历史》，叶江译，上海世纪出版集团 2006 年版。

［美］约翰·苏特兰：《畅销书》，何文安编译，上海文化出版社 1988 年版。

［瑞士］索绪尔：《普通语言学教程》，高名凯译，商务印书馆 1980 年版。

［德］马克斯·韦伯：《经济与社会》，阎克文译，商务印书馆 1997 年版。

［法］马尔科姆·沃特：《现代社会学理论》，杨善华、李康等译，华夏出版社 2000 年版。

［法］罗杰·夏蒂埃：《法国大革命的文化起源》，洪庆明译，译林出版社 2015 年版。

［日］小林一博：《出版大崩溃》，甄西译，上海三联书店 2004 年版。

［美］斯蒂文·小约翰：《传播理论》，陈德民、叶晓辉译，中国社会科学出版社 1999 年版。

［美］戴维·伊斯顿：《政治生活的系统分析》，王浦劬译，华夏出版社 1999 年版。

北京开卷信息技术有限公司：《中国超级畅销书大解密 2013》，江西教育出版社 2014 年版。

陈幼华：《畅销书风貌》，武汉大学出版社 2007 年版。

崔保国：《中国传媒产业发展报告》，社会科学文献出版社 2015 年版。

崔欣、孙瑞祥：《大众文化与传播研究》，天津人民出版社 2005 年版。

范鲁彬：《中国广告 30 年全数据》，中国市场出版社 2009 年版。

韩震：《社会主义核心价值观五讲》，人民出版社 2012 年版。

纪华强：《广告媒体策划》，复旦大学出版社 2003 年版。

李光斗：《事件营销——引爆流行的行销艺术》，清华大学出版社 2012 年版。

李健：《"诗意"广告：话语符号建构的视觉政治》，社会科学文献出版社 2013 年版。

李军民：《陕西文化产业现状与发展研究》，陕西人民出版社 2008 年版。

李西建：《重塑人性——大众审美中的人性嬗变》，湖北人民出版社 1998 年版。

罗国杰：《罗国杰文集》，河北大学出版社 2000 年版。

潘维、廉思：《中国社会价值观变迁三十年》，中国社会科学出版社 2008 年版。

王朔：《我是王朔》，国际文化出版公司 1992 年版。

伍旭升：《大轰动——中外畅销书解密》，广州出版社 1993 年版。

熊蕾：《广告权力机制研究》，中国社会科学出版社 2011 年版。

熊勇清：《管理学 100 年》，湖南科学技术出版社 2013 年版。

徐迅：《民族主义》，中国社会科学出版社 1998 年版。

许俊基：《中国广告史》，中国传媒大学出版社 2006 年版。

叶志良：《大众文化》，上海文艺出版社 2003 年版。

赵东玉：《中华传统节庆文化研究》，人民出版社 2002 年版。

郑杭生、杨敏：《社会互构论：世界眼光下的中国特色社会学理论的新探索——当代中国"个人与社会关系研究"》，中国人民大学出版社 2010 年版。

《中国广告年鉴》编辑部：《中国广告年鉴（1996）》，新华出版社 1997 年版。

《中国广告年鉴》编辑部：《中国广告年鉴（2006）》，新华出版社 2006

年版。

《中国广告年鉴》编辑部：《中国广告年鉴（2015）》，新华出版社 2015 年版。

二 论文类

阿依娜扎尔·阿布力孜：《图书编辑的选题策划创新意识研究》，《传播与版权》2014 年第 3 期。

白兰英：《读者购书的从众心理分析》，《出版发行研究》2017 年第 1 期。

查常平：《艺术话语权力的社会性、历史性》，《艺术评论》2004 年第 3 期。

陈刚：《发展广告学的理论框架与影响因素研究》，《广告大观》（理论版）2013 年第 1 期。

陈刚、单丽晶等：《对中国广告代理制目前存在问题及其原因的思考》，《广告大观》（理论版）2006 年第 5 期。

陈晖：《网游图书：互联网时代的游戏阅读》，《中国图书评论》2013 年第 8 期。

陈来仪：《解链畅销书，透析大众文化》，《出版科学》2006 年第 9 期。

陈培爱、闫琰：《数字化时代的广告传播》，《编辑之友》2012 年第 9 期。

初云玲：《从〈我创故我在〉看公益广告的发展》，《当代电视》2016 年第 1 期。

邓敏：《我国广告产业集群现状分析》，《当代传播》2008 年第 1 期。

窦丽梅：《增强"中国梦"的精神力量——从"公益广告"的传布谈起》，《中国梦：道路·精神·力量——上海市社会科学界第十一届学术年会》，2013 年。

范辉：《地铁媒体的场景运用模式》，《中国广告》2016 年第 6 期。

冯玲玲：《新媒体环境下小说类图书的创意营销研究》，《出版与印刷》

2014年第6期。

甘成英、毛晓红：《为什么畅销书打动了青年大学生》，《中国出版》2003年第12期。

官建文、刘扬、刘振兴：《大数据时代对于传媒业意味着什么？》，《新闻战线》2013年第2期。

胡家源、王雅洁、降蕴彰：《中国经济温故1998》，《中国中小企业》2016年第2期。

黄升民、杨雪睿：《碎片化背景下消费行为的新变化与发展趋势》，《广告研究》（理论版）2006年第2期。

纪德君：《新媒体环境下社会主义核心价值观公益广告传播》，《新闻界》2016年第14期。

姜奇平：《从精准到推荐：大数据时代重构网络广告商业模式》，《互联网周刊》2012年第10期。

金定海、朱婷：《互动中的价值驱动》，《山西大学学报》2013年第7期。

李成：《"讲好中国故事"需要四个转向》，《中国记者》2016年第5期。

李红强：《畅销书：观念与现实的文化分析》，《中国出版》2006年第7期。

李凌芳：《掌握受众的心灵密码——畅销书背后的受众阅读心理解读》，《出版发行研究》2010年第5期。

李孝弟：《名人与名人书：一场大众娱乐的消费盛宴》，《中国图书评论》2016年第12期。

李亦宁、杨琳：《嬗变与重构：大数据背景下的广告产业生态与变革》，《当代传播》2014年第2期。

李友梅：《重塑转型期的社会认同》，《社会学研究》2007年第2期。

梁艺：《根植于社群：经典绘本从微信公众号走向大V店》，《出版广角》2016年第5期。

廖秉宜：《中国本土广告公司核心竞争力的消解与建构》，《商业研究》

2013年第9期。

廖小平：《论核心价值的价值》，《浙江社会科学》2012年第10期。

刘洪珍：《论公益广告机构在危机时期的作用：对美国战时宣传的分析》，《国际新闻界》2013年第11期。

刘卫、左衡：《图书宣传的三个步骤——新闻媒介、人际交流与从众意识对图书传播的交互作用》，《编辑之友》1999年第9期。

刘肖、董子铭：《小众社群·分众直播·大众口碑——基于移动社交的垂直类图书营销模式调查与分析》，《中国出版》2016年第12期。

刘珍：《论大众文化时代历史类图书的价值》，《阿坝师范高等专科学校学报》2008年第12期。

鲁杰、姚书志：《西安经济技术开发区文化创意产业基地的建设研究》，《陕西科技大学学报》2010年第6期。

麻震敏：《营销智慧的进化论》，《成功营销》2012年第7期。

毛力：《读书，进入"休闲时代"》，《出版广角》2003年第8期。

苗艳：《消费社会"名人符号"分析》，《上海师范大学学报》（哲学社会科学版）2011年第3期。

南来苏：《论民族精神的本源：家国意识》，《浙江树人大学学报》2012年第1期。

倪宁：《讲个"广而告之"的故事》，《中国建材》2006年第3期。

倪宁、雷蕾：《公益广告独立性发展及制约因素分析》，《现代传播》2013年第5期。

倪宁、雷蕾：《基于互联网的公益广告公众参与研究——以优酷网"扬正气，促和谐"公益广告视频单元为例》，《国际新闻界》2013年第4期。

潘娜：《"诗化"的语言在广告文案中的应用》，《工会论坛》2010年第7期。

钱秀银：《"80后"女性写手与网络穿越小说》，《哈尔滨师范大学社会科学学报》2011年第1期。

史安斌：《公益广告与传播"中国梦"》，《对外传播》2013年第10期。

《陕西省广告业存在问题及发展前景》，《今传媒》2008年第3期。

汤雪梅：《网络图书馆与读者俱乐部——门户网读书频道与豆瓣网之比较》，《青年记者》2007年第3期。

王超品：《论"中国梦"与国家认同、文化认同、价值观认同》，《学术探索》2014年第10期。

王云、舒畅：《〈广而告之〉在中国公益广告史上的意义》，《新闻大学》2000年第8期。

吴玉军：《国家认同视阈中的社会主义核心价值体系》，《中国特色社会主义研究》2011年第8期。

吴玉军：《论国家认同的基本内涵》，《中国特色社会主义研究》2015年第1期。

吴玉敏：《马克思主义大众化与当代中国文化认同的重建》，《青海社会科学》2010年第7期。

仵军智：《电视广告传播失范调查——以陕西地方电视台为例》，《新闻爱好者》2008年第10期。

奚路阳、程明：《大数据营销视角下广告运作体系的嬗变》，《编辑之友》2016年第3期。

肖映萱、叶栩乔、朱航、李天豪：《中国网络作家生存状态报告》，《名作欣赏》2015年第11期。

谢诗敏、郭海梧：《消费社会与明星图书出版》，《出版发行研究》2013年第10期。

熊蕾：《论广告符号的结构、逻辑与不对称性》，《武汉大学学报》（人文科学版）2008年第1期。

许晓平：《"中国梦"的时代价值》，《理论探索》2013年第7期。

颜景毅：《西部地区广告产业发展的战略选择》，《青年记者》2016年第7期。

颜英：《现代性悖论与全球史观——论霍布斯鲍姆的民族主义研究的

特点与价值》，《理论与现代化》2012年第5期。

杨帆：《陌生化，或者不是形式主义——从陌生化理论透视俄国形式主义》，《学术界》2003年第3期。

姚桓、孙宁：《"中国梦"：责任担当、精神能量与文化气质》，《中国党政干部论坛》2013年第4期。

姚文帅：《文化基因：国家认同价值生成的逻辑》，《学术界》2016年第9期。

姚曦、韩文静：《再论广告产业发展要素》，《湖北大学学报》（哲学社会科学版）2016年第3期。

易图强、肖贵飞：《从畅销书看大众读者的阅读特征》，《出版广角》2007年第4期。

殷冬冰：《论国家认同的四个维度》，《南京社会科学》2016年第5期。

尤颖：《图书市场中的"牙膏理念"解读读客出版公司的快速消费品营销方式》，《市场观察》2014年第7期。

余商超：《从USP到ESP：重庆地产广告的诉求转向》，《新闻爱好者》2009年第8期。

俞华华：《受众阅读从众心理调查研究——以浙江财经大学东方学院为对象》，《山东图书馆学刊》2016年第6期。

喻国明：《"碎片化"语境下媒介营销价值的构建》，《广告大观》2007年第2期。

袁峰：《价值认同与当代政治合法性的基础》，《华东政法大学学报》2008年第11期。

袁舒：《从两级传播看图书的网络口碑营销》，《新闻世界》2013年第9期。

《要用正确的舆论引导人》，《现代广告》1996年第1期。

詹小美、王仕民：《文化认同视域下的政治认同》，《中国社会科学》2013年第9期。

张殿元：《政治经济学批判：广告传播研究的另类视角》，《浙江大学学报》（人文社会科学版）2006年第1期。

张金海：《月度聚焦——广告产业的转型》，《广告人》2010年第4期。

张金海、曾兰平：《广告"零代理"的经济学分析》，《武汉大学学报》（人文科学版）2006年第5期。

张明：《"中国梦"的特征、价值导向与实现路径》，《新疆师范大学学报》（哲学社会科学版）2013年第9期。

张淑芳：《数据库：消费社会的"超级全景监狱"》，《华南农业大学学报》（社会科学版）2011年第2期。

张昕：《阅读的异化》，《出版广角》2005年第5期。

张悦、卢兆麟：《论明星符号的多维能指》，《电影文学》2012年第10期。

赵光怀、周忠元：《平民化叙事与"中国梦"的大众化传播》，《当代传播》2014年第1期。

郑满宁：《泛社群营销：微信多群直播图书营销模式研究》，《中国出版》2016年第6期。

周励：《喜忧参半广告产业》，《西部大开发》2007年第4期。

周向荣、单鹏：《影视图书：传统出版在泛媒体传播与大众阅读时代的突围》，《中国图书评论》2013年第1期。

朱天：《论当前我国公益广告的理念更新》，《新闻界》2007年第5期。

邹忠民：《作家的创作心理——作家学：作家心理学之四》，《江西师范大学学报》1989年第7期。

左晓娜：《网络公益广告的可持续发展之路》，《青年记者》2009年第10期。

《中国广告》编辑部：《2013年中国广告产业影响力指数研究报告》，《中国广告》2014年第3期。

安静：《大众文化消费背景下我国图书传播的变化和发展》，硕士学位论文，吉林大学，2005年。

董维娅：《陕西广播电视台广告经营管理商业模式优化研究》，硕士学位论文，西北大学，2015年。

黎霜：《论文学畅销书生命的延伸——〈哈利·波特〉〈我为歌狂〉案例分析》，硕士学位论文，四川大学，2003年。

孙欣然：《两种出版现象的比较分析——"明星出书"与"书出明星"》，硕士学位论文，北京印刷学院，2014年。

谢慧玲：《两岸流行文化的消费与传播——以上海、台北两大城市青少年作为观察》，博士学位论文，复旦大学，2004年。

张弛：《论社会变迁与中国电视公益广告的发展（1978—2012）》，博士学位论文，湖南师范大学，2014年。

池莉：《小说不是我的自传》，《解放日报》2001年3月23日。

寸木：《中国梦 人民梦》，《人民日报》2013年5月15日。

刘拥军：《中国图书市场与库存现状及对策》，《中国出版传媒商报》2015年12月29日。

刘拥军、戴雷等：《大浪淘沙，谁领风骚》，《中国图书商报》2002年7月16日。

习近平：《在第十二届全国人民代表大会第一次会议上的讲话》，《人民日报》2013年3月18日。

轩辕杨子：《我市广告产业年经营额突破50亿元》，《西安日报》2015年10月25日。

三 英文文献

Claude Martin, Production, Content and Uses of Bsetselling Books in Quebec, *Canadian Journal of Communication*, 1996 (21).

John Tebbel, *A History of Book Publishing in the United States*, R. R. Bowker Co., 1975 (2).

后　　记

　　2018年是宏观经济下行压力加大背景下中国供给侧结构性改革的深化之年，也是中国文化产业逆势而上，体现其强劲的生产力、影响力、驱动力的创新之年。很荣幸，这本意义微薄的学术著作在此时付梓。本书从战略层面上探讨了信息技术引领下和市场化浪潮推动下的中国文化产业格局的重重变革。在结构上，本书分为"广告产业篇""公益广告篇""畅销书篇"三个篇章。回应时代召唤，回应现实需求，管窥文化产业的发展之路，进而探索整个文化产业的繁荣之途，乃是本书的核心目的。但是，由于陕西广告产业相关的历史文献资料较少，数据缺失，本书难以全面、精确地描绘陕西广告产业数十年的发展历程，同时对畅销书受众研究、西部本土广告公司调研的样本数量不够充分，有待后续研究进一步补充。

　　书中的部分章节来自笔者已发表的论文，"广告产业篇"第三章"陕西本土广告公司竞争力分析"获得了基金项目"陕西广告产业集群化研究"的资助，"公益广告篇"的部分章节为陕西省社科基金项目"公益广告价值导向研究"的阶段性研究成果。书中部分章节引用的图片出处如下：图12来自于宣传画《把一切献给党》；图13来自于中国人民解放军总参谋部编印的《防原子防化学防细菌挂图》；图15来自于中国文明网公益广告作品库；图17来自于深圳市第三届公益广告大赛平面类二等奖作品《塑书悲帖》；图19来自于网络。

品牌·传播·文化

  本书是在领导、师友、亲人们的帮助下完成的。在本书的撰写过程中，他们给予了我诸多的关怀和鼓励，本书也献给他们：西安工业大学党委副书记于孟晨教授、恩师西安交通大学人文学院杨琳教授、西安工业大学人文学院副院长李红岩教授、丛书副总编辑敬晓庆副教授以及西安工业大学人文学院文化传播系的诸位同人。中国社会科学出版社责任编辑王莎莎为本书的出版付出了辛勤的劳动。学生杨梦参与了"陕西本土广告公司竞争力分析"问卷调研工作，并撰写了部分参考性的数据统计文稿；西安合源大象地铁广告文化有限公司提供了西安地铁独家数据，在此一并表示感谢。同时，也将此书献给我的先生，他一直鼓励我在学习、科研工作中奋进；献给我的父母，他们年逾花甲却任劳任怨，为我做好全部后勤工作；献给我亲爱的女儿，从她蹒跚学步到如今长成一个灵巧的小人儿，我都因工作繁忙疏于照顾，对她，我始终心怀愧疚。

李亦宁

2018 年 7 月